I0013879

Rémi Ronfard

Analyse automatique de films

Rémi Ronfard

Analyse automatique de films

Des séquences d'images aux séquences d'actions

Éditions universitaires européennes

Mentions légales/ Imprint (applicable pour l'Allemagne seulement/ only for Germany)

Information bibliographique publiée par la Deutsche Nationalbibliothek: La Deutsche Nationalbibliothek inscrit cette publication à la Deutsche Nationalbibliografie; des données bibliographiques détaillées sont disponibles sur internet à l'adresse http://dnb.d-nb.de.
 Toutes marques et noms de produits mentionnés dans ce livre demeurent sous la protection des marques, des marques déposées et des brevets, et sont des marques ou des marques déposées de leurs détenteurs respectifs. L'utilisation des marques, noms de produits, noms communs, noms commerciaux, descriptions de produits, etc, même sans qu'ils soient mentionnés de façon particulière dans ce livre ne signifie en aucune façon que ces noms peuvent être utilisés sans restriction à l'égard de la législation pour la protection des marques et des marques déposées et pourraient donc être utilisés par quiconque.

Photo de la couverture: www.ingimage.com

Editeur: Éditions universitaires européennes est une marque déposée de
Südwestdeutscher Verlag für Hochschulschriften Aktiengesellschaft & Co. KG
Dudweiler Landstr. 99, 66123 Sarrebruck, Allemagne
Téléphone +49 681 37 20 271-1, Fax +49 681 37 20 271-0
Email: info@editions-ue.com

Produit en Allemagne:
Schaltungsdienst Lange o.H.G., Berlin
Books on Demand GmbH, Norderstedt
Reha GmbH, Saarbrücken
Amazon Distribution GmbH, Leipzig
ISBN: 978-613-1-51931-4

Imprint (only for USA, GB)

Bibliographic information published by the Deutsche Nationalbibliothek: The Deutsche Nationalbibliothek lists this publication in the Deutsche Nationalbibliografie; detailed bibliographic data are available in the Internet at http://dnb.d-nb.de.
 Any brand names and product names mentioned in this book are subject to trademark, brand or patent protection and are trademarks or registered trademarks of their respective holders. The use of brand names, product names, common names, trade names, product descriptions etc. even without a particular marking in this works is in no way to be construed to mean that such names may be regarded as unrestricted in respect of trademark and brand protection legislation and could thus be used by anyone.

Cover image: www.ingimage.com

Publisher: Éditions universitaires européennes is an imprint of the publishing house
Südwestdeutscher Verlag für Hochschulschriften Aktiengesellschaft & Co. KG
Dudweiler Landstr. 99, 66123 Saarbrücken, Germany
Phone +49 681 37 20 271-1, Fax +49 681 37 20 271-0
Email: info@editions-ue.com

Printed in the U.S.A.
Printed in the U.K. by (see last page)
ISBN: 978-613-1-51931-4

Copyright © 2010 by the author and Südwestdeutscher Verlag für Hochschulschriften Aktiengesellschaft & Co. KG and licensors
All rights reserved. Saarbrücken 2010

A la mémoire de mes parents, Françoise Braure (1933-2003) et André Ronfard (1927-2005).

Table des matières

Introduction

Mon mémoire d'habilitation est l'occasion de dresser un bilan sur cinq années de recherche effectuées à l'INRIA (2002-2007), sur un programme de recherche intitulé *Des séquences d'images aux séquences d'actions*. C'est également l'occasion de dresser les perspectives pour les cinq prochaines années (2010-2015), avec le recul d'une pause prise en 2008-2009.

1.1 Résumé du mémoire

Dans ce premier chapitre, je passe en revue les principales problématiques scientifiques, applicatives et académiques de mon programme de recherche de ces dernières années, et je présente une rapide chronologie de mon activité de chercheur, depuis ma thèse en 1991 jusqu'à aujourd'hui (été 2009).

Le chapitre 2 présente mes travaux en indexation vidéo et en analyse de films et d'émissions de télévision. La représentation et la reconnaissance des templates filmiques (canevas) ont fait l'objet de la thèse de Jean Carrive, soutenue en septembre 2000. Pendant cette thèse, nous avons travaillé avec l'Université Paris 6 à étendre le domaine des logiques de description au cas de l'audiovisuel, par la prise en compte des relations temporelles entre les segments audio et vidéo. Ce travail a donné lieu à une formulation théorique et une implémentation efficace, grâce à l'utilisation de techniques de satisfaction de contraintes. D'un point de vue théorique, cette approche nous a permis d'aborder des questions difficiles, telles que celle de la typologie des plans et des séquences dans la production télévisuelle. D'un point de vue pratique, elle a été l'occasion de mettre en œuvre des procédures efficaces de reconnaissance automatique de la composition temporelle d'un programme en séquences, scènes et plans (macro-segmentation), utile lorsque nous disposons d'un modèle (ou canevas, ou template) de l'émission. Après ce premier travail, je me suis tourné vers l'analyse des films de cinéma, et je décrirai dans la fin de ce chapitre les expériences que j'ai menées pour mettre en correspondance une film et son découpage technique.

Le chapitre 3 décrit de manière plus détaillée les problématiques de detection, de capture et d'imitation du mouvement humain à l'aide de la vision par ordinateur. La première partie du chapitre offre une approche de la detection des humains à l'aide de modèles déformables (pictorial structures) suffisamment simples pour être appris à partir d'exemples. Puis, nous nous tournons vers la modélisation des mouvements du corps. Ce travail a fait l'objet de la thèse de doctorat soutenue en 2007 par David Knossow. Au cours de cette thèse, nous avons abordé le problème de la capture du mouvement humain sans marqueurs, en exploitant uniquement les déformations apparentes des contours des parties du corps les plus visibles (bras, jambes, troncs). A cette fin, nous avons explicité les formules qui relient le mouvement des contours apparents d'une surface réglée avec les éléments de son torseur cinématique, et avons appliqué ce modèle avec succès aux différentes parties du corps humain, pour estimer leur mouvement, avec une précision de quelques centimètres. Cette précision permet d'envisager des applications dans le domaine de la pré-production et de la pré-visualisation au cinéma, ainsi que pour la constitution de bases de données d'animation. Notre approche est particulièrement adaptée au cas où les discontinuités de profondeurs peuvent être extraits efficacement (z-cams).

Le chapitre 4 commence par une discussion des problèmes de la représentation et de la reconnaissance visuelle des actions et se poursuit par une présentation critique des travaux que j'ai mené sur ce thème à l'INRIA de 2004 à 2007. Ce travail a fait l'objet d'une thèse de doctorat, soutenue en 2008 par Daniel Weinland. Au cours de cette thèse, nous avons principalement abordé le problème de l'invariance par rapport au point de vue. Pour cela, nous avons imaginé un système consistant à apprendre des modèles spatio-temporels d'actions à partir d'enregistrements multi-caméras d'acteurs réels ; puis à extraire des invariants de ces modèles pour effectuer la reconnaissance des mêmes actions effectuée par de nouveaux acteurs, selon un nouveau point de vue. Nous décrivons dans ce chapitre deux méthodes que nous avons proposées au cours de cette thèse. La première est une méthode discriminative, qui utilise des *prototypes* spatio-temporels pour reconnaître les actions. La seconde est une méthode générative, qui utilise des *exemplaires* de poses caractéristiques des actions, représentées par leurs silhouettes.

Le chapitre 5 présente les perspectives futures des travaux précédents et propose de nouvelles pistes de recherche, en particulier pour appliquer les méthodes du chapitre 4 au problème de reconnaissance d'actions dans les films. Au cours des prochaines années, les thématiques de la représentation, de la reconnaissance visuelle, et de l'imitation des actions humaines resteront donc au centre de mes travaux de recherche. La problématique de l'invariance par rapport au style d'interprétation d'une action pourrait en être une prochaine étape. Pour aborder cette problématique nouvelle, je propose de mettre en œuvre des modèles génératifs permettant de modéliser (sous forme probabiliste) comment une séquence d'actions peut être mise en scène, puis en images. Cette nouvelle direction de recherche permet de poser simultanément les problèmes de synthèse et d'analyse de modèles plus réalistes des actions humaines ; et elle ouvre des perspectives applicatives originales, par exemple pour le montage automatique de films.

1.2 Problématiques scientifiques

Les travaux que je décris dans ces pages cherchent à répondre à deux interrogations. En premier lieu, **comment regarde-t-on un film** ? Quels sont les mécanismes qui permettent d'interpréter cette longue séquence d'images (prenons le cas d'un film muet pour simplifier) en une séquence d'actions dramatiques, reliées entre elles par des liens de causalité, et qui nous permettent d'en comprendre le sens (l'histoire) ? Et comment reproduire cette capacité dans un programme informatique de vision par ordinateur ? Cette première question est importante du point de vue des applications, notamment dans le contexte de l'indexation des archives de la télévision et du film. En second lieu, **comment fait-on un film** ? Quelles sont les techniques cinématographiques qui permettent de mettre en scène et en images une histoire (un script de cinéma) pour la rendre compréhensible et lisible ? Et comment reproduire cette capacité dans un programme informatique ? Cette seconde question est importante pour d'autres applications, comme l'aide à la réalisation et au montage vidéo, pour lesquelles il existe peu d'outils informatiques.

Aborder ces questions, c'est poser le problème de la **représentation et de la reconnaissance des actions humaines dans les images**. Dans ce mémoire, je décris une série d'expérimentations qui offrent différents angles d'approche de cette problématique de fond. Ainsi, le second chapitre est consacré à la segmentation temporelle des films et émissions de télévision, et à la description que l'on peut en faire *action par action* en s'aidant de documents de production comme les scénarios et découpages techniques. Le troisième chapitre aborde la question de la détection et de l'analyse des mouvements humains, sous une forme géométrique permettant la reproduction et l'imitation des actions filmées. Le quatrième chapitre aborde le problème de la reconnaissance d'un petit vocabulaire d'actions corporelles, exécutées par des acteurs différents et sous des angles différents, en utilisant les ressources d'un système de vision artificielle composées de plusieurs caméras calibrées entre elles.

Pour aborder ces problématiques, l'état de l'art actuel en reconnaissance d'objet nous rapproche d'une situation très favorable, dans laquelle on saurait énumérer les objets et acteurs présents dans chaque image ; leurs identités ou classes sémantiques ; et leurs poses [140, 129, 135]. En revanche, le vocabulaire des actions qui peuvent être reconnues reste très limité, comme l'illustre le chapitre 4 de ce mémoire.

Dans le cadre de mes travaux de recherche, je me suis surtout attaché à mettre en œuvre des méthodes basées sur l'apprentissage supervisé des actions à partir d'exemples annotés. Obtenir ces exemples est une tâche délicate, et je consacrerai une partie du chapitre 2 à la question de l'alignement entre un film et son découpage, de façon à constituer une telle base d'exemples. Mais il m'a paru utile aussi de créer des bases constituées d'un petit nombre d'actions, effectués par plusieurs acteurs et selon plusieurs points de vues. Pour tenter de réduire la difficulté de la tâche, je me suis consacré pendant ces dernières années à utiliser des données tri-dimensionnelles, soit synthétiques soit reconstruites, qui permettent de contourner un des problèmes fondamentaux de la vision par ordinateur - celle de l'invariance par rapport au point de vue. C'est ainsi que je me suis attaché à reconnaître le mouvement humain dans des séquences enregistrées par plusieurs caméras ; dans l'objectif d'appliquer les modèles appris à des séquences n'utilisant qu'une caméra. Ce sera l'objet des chapitres 3 et 4 de ce mémoire.

L'approche consistant à apprendre en 3D pour ensuite reconnaître en 2D s'est avérée fructueuse. C'est pourquoi j'envisage maintenant d'avoir recours à des acteurs virtuels pour créer des séquences synthétiques, en utilisant les bases de mouvement qui sont disponibles dans des environnement de jeu d'actions. C'est en tout cas l'une des pistes de recherche nouvelles que j'esquisse au chapitre 5.

1.3 Curriculum

Dans cette section, je retrace rapidement ma carrière, depuis ma thèse à l'École des Mines en 1991 jusqu'à aujourd'hui, en soulignant notamment les travaux qui ne trouvent pas de place dans la suite du mémoire.

1.3.1 École des Mines

J'ai obtenu mon diplôme d'ingénieur de l'École des Mines de Paris en 1986, soit une formation d'ingénieur généraliste, qui inclut l'ensemble des sciences de l'ingénieur mais aussi la gestion, le droit des affaires et des entreprises, la sociologie de l'innovation, etc. Au cours de cette formation, j'ai suivi également les cours d'options en *bio-technologies* communs avec l'École Nationale d'Agronomie.

FIGURE 1.1: Déformations successive d'un contour actif orienté région [1]. Dans chaque image de la séquence, le contour maximise la somme de deux terms - le contraste statistique (distance de Ward) entre les régions gauche et droite, et la rigidité de la courbe (en termes de variations de longueur et de courbure).

A la sortie de l'École, je me suis engagé dans la voie de la recherche en suivant d'abord les cours du DEA d'Automatique et Traitement du Signal de l'Université de Nice (qui faisait la part belle à l'analyse de données et au traitement des images), puis en rédigeant ma thèse de docteur-ingénieur en *Sciences et Techniques de l'Image*, que j'ai commencée au Centre de Télédétection de l'École des Mines de Paris à Sophia Antipolis, et terminée au laboratoire Image de Télécom Paris, sous la double direction d'Henri Maître et Jean-Marie Monget.

J'ai soutenu ma thèse , intitulée *Principes variationnels pour l'analyse des images en couleurs*, en février 1991 [38]. Les rapporteurs étaient Roger Mohr et Jean-Pierre Coquerez.

J'ai développé au cours de cette thèse une théorie statistique basée sur les principes de la *gestalt* pour segmenter une séquence d'images en couleurs en objets visuels "saillants". J'ai appliqué cette théorie à des problèmes de suivi d'objets, d'estimation de mouvement et d'analyse de séquences d'images satellitaires. J'ai publié une version préliminaire de ce travail en cours de thèse [44], puis une version définitive dans la revue *International Journal of Computer Vision* [1]. C'est encore aujourd'hui mon article le plus cité (288 citations). S'agissant de contours dynamiques (snakes) évoluant dans des images en couleurs, voire multi-spectrales, j'ai proposé de remplacer dans la fonctionnelle d'énergie les termes de gradient proposés par Kass, Witkins et Terzopoulos [173], par des termes qui dérivent d'un test statistique entre les deux régions de l'image que partage ce contour. Ceci permet d'effectuer la segmentation et le suivi d'objets se détachant sur un fond texturé comme celui de la Figure 1.3.1. Une approche basée sur les gradients de l'image ne peut pas distinguer les contours de l'objet des autres discontinuités de l'image (ombres, reflets ou textures)dans cet exemple. Notre approche permet de suivre les contours de l'objet dans cet exemple, même avec des déplacement importants entre les trois images. Comme l'ont ensuite démontré Song Chun Zhu et Alan Yuille [260], l'intégrale curviligne de ces termes (qui sont portés par la normale) le long du contour est exactement égale à l'intégrale de la distance de Ward, qui mesure le contraste entre les deux régions. Ainsi, le contour obtenu est celui qui maximise le contraste. En combinant ces termes avec les termes usuels des courbes splines (minimisation des longueurs et des courbures), on obtient une famille de contours actifs qui suivent donc deux principes importants de la *gestalt* (ségrégation et bonne continuation).

Pendant ma thèse, j'ai également collaboré avec Marc Sigelle, chercheur de l'équipe Image de Télécom Paris, sur une méthode de relaxation d'images de classification implémentant le modèle de Potts [7, 6, 45]. Ce modèle permet d'obtenir une re-classification contextuelle des pixels, sous une contrainte de régularité qui généralise naturellement le modèle classique d'Ising.

1.3.2 Dassault Systèmes et IBM

Après ma thèse, j'ai travaillé comme ingénieur de recherche au département de modélisation géométrique de Dassault Systèmes, qui est un groupe composé essentiellement de mathématiciens. En collaboration étroite avec Jarek Rossignac d'IBM Research, j'ai conçu et implémenté un prototype de "topologie non-manifold" pour le modeleur géométrique de CATIA. Ce travail était basé sur la théorie des "complexes géométriques sélectifs" de Jarek Rossignac et Michael O'Connor , qui avait été publiée en 1989 sous le titre *SGC : A Dimension-independent Model for Pointsets with Internal Structures and Incomplete Boundaries* [228], mais dont il n'existait pas d'implémentation de référence. Ce prototype a permis de démontrer la possibilité d'implémenter toutes les opérations booléennes (unions et intersections) entre points, courbes, surfaces et solides dans le formalisme unique des SGC, qui est indépendant de la dimension. Ce prototype a été utilisée par Dassault Systèmes pour un nouveau module de *piping* dans CATIA.

A la suite de cette première expérience professionnelle, je suis parti rejoindre l'équipe de géométrie de Jarek Rossignac pour un stage post-doctoral de 18 mois au Centre de Recherche T.J. Watson d'IBM à Yorktown Heights, New York.

Pendant ce post-doc, je me suis consacré à concevoir et implémenter des algorithmes originaux pour la triangulation et la compression (simplification) de scènes 3D complexes. Avec l'équipe de géométrie de Jarek Rossignac, j'ai développé des méthodes originales pour naviguer dans des scènes 3D de grande complexité (plusieurs millions de polygones), en calculant dynamiquement des versions simplifiées adaptées au point de vue (Figure 1.3.2). Ces travaux ont été publiés à Eurographics en 1994 et 1996 [8, 9] et sont également très souvent cités (268 citations). Notre algorithme de triangulation a été utilisé de façon intensive et continue par l'équipe

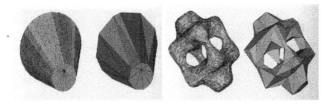

FIGURE 1.2: Simplification d'une surface triangulée [9] ; Les arêtes (edges) sont éliminées une par une, selon un ordre de priorité qui dépend de la structure géométrique de son voisinage, et qui est mis à jour dynamiquement. On obtient ainsi plusieurs *niveaux de détails* dont les tailles peuvent couvrir 3 ou 4 ordres de magnitudes, et permettent de naviguer dans une scène complexe sans perte de résolution apparente.

d'IBM entre mes deux séjours (1993-2000). Notre méthode de simplification (décimation) est considérée comme pionnière du domaine du calcul automatique des *niveaux de détails*. On peut se référer sur ce sujet au livre *Level of Detail for 3D Graphics* [191].

J'ai également collaboré avec Gabriel Taubin pendant mon post-doc, sur des questions de reconstruction de courbes implicites, et notamment en mettant en œuvre une méthode de champ moyen pour initialiser la fonction intérieur-extérieur (qui est un problème d'optimisation combinatoire). Ce travail a été publié en workshop et en journal [46, 2].

J'ai fait un second séjour (sabbatique) à IBM Research en 2000-2001, qui a été l'occasion pour moi de revenir aux méthodes variationnelles (Euler-Lagrange) pour développer des outils de sculpture et animation de surfaces de subdivision (en collaboration avec New York University et Dassault Systèmes). Au cours de cette collaboration, j'ai développé un prototype pour faciliter le travail d'esquisse de formes géométriques complexes à l'aide d'outils de sculpture 3D (Figure 1.3.2).

La solution que j'ai proposée et prototypée consistait à adapter une méthode de déformation variationnelle sous contraintes [252] pour les surfaces de subdivision, dans un formalisme multigrid extrêmement efficace (temps réel). Ce travail a été publié en workshop, en conférence et en journal [17, 20, 3]. Le prototype réalisé pendant ce séjour sabbatique a été industrialisé puis commercialisé par Dassault Systèmes dans son produit *CATIA Imagine & Shape 2 (IMA)*, qui est un modeleur de surfaces de subdivision dédié aux étapes de design conceptuel et esthétique[1]. Ce produit a été salué comme une innovation importante et un succès commercial[2]. Un article de Boier-Martin, Zorin et Bernardini présente l'ensemble des développements réalisés

---

1. http ://www-01.ibm.com/software/applications/plm/catiav5/prods/ima/
2. http ://www.youtube.com/watch ?v=RwOuaNvpPLI

FIGURE 1.3: Sculpture interactive d'une surface de subdivision. (a) Surface initiale. (b) Déformation par des contraintes ponctuelles (points rouges). (c) Déformation par des contraintes normales (lignes vertes). (d) Déformation le long d'une courbe tracée sur la surface.

par IBM Research et New York University dans le cadre de cette collaboration [91], qui est également décrite dans un cours de Dennis Zorin présenté à Siggraph en 2006 [261].

1.3.3 Institut National de l'Audiovisuel

De retour en France après mon post-doc, j'ai obtenu un poste à la Direction de la Recherche de l'Institut National de l'Audiovisuel (INA), où je suis resté jusqu'en août 2000.

Ingénieur de recherche (1994-96). J'ai participé à la conception et à l'implémentation d'un système complet de **storyboarding et layout** pour le dessin animé, en C++, dans le cadre du projet européen ANIM'2000. Ce système a été utilisé en vraie grandeur pour la pré-production de plusieurs séries complètes de dessins animés par les studios de France Animation à Montreuil. France-Animation était alors une société importante dans l'animation européenne, avec un catalogue de plus de 800 heures de films.

Il est intéressant de rappeler brièvement ici les principales étapes de la production d'un dessin animé. En premier lieu, les auteurs et producteurs créent un univers, des personnalités, une histoire, une esthétique, des ambiance, etc. qui sont réunis dans un document central : la *Bible*. Les designs préliminaires servent de base à la création de *Model sheets* constituées de planches d'attitudes (mouvements de bouches et expressions clés de chaque personnage) et de turnaround (vues face, profil, trois-quart, dos) qui serviront de modèles pour les étapes suivantes. Les planches décors (overlays et underlays) sont créées avec un niveau de détail suffisant pour permettre d'éventuels zooms, panoramiques et travelings.

Pour chaque épisode, un *scénario* est écrit, puis un *story-board* détaille la liste des plans sous forme de bande dessinée ou vignettes, contenant de nombreuses notes concernant le son, le timing, le descriptif des actions, les événements particuliers, les effets spéciaux, les cadres et mouvements de caméra, les dialogues, les numéros des plans, etc.

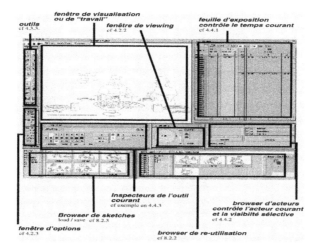

FIGURE 1.4: Ecran de travail de l'application de LAYOUT ANIM'2000, permettant le dessin, le contrôle et la pré-visualisation des feuilles d'exposition de chaque plan.

Le *lay-out* décrit plus précisément chacun des plans du storyboard à l'aide des feuilles d'expositions (x-sheet) qui décrivent le décor utilisé, les personnages employés, leur champ d'action, les déplacements, expressions et actions dans la scène (posing), etc. **Le lay-out constitue une véritable partition de l'épisode, au sens musical du mot.** Le travail des animateurs consiste à interpréter fidèlement cette partition comme une suite de mouvements des personnages par le biais de la pose de dessins et d'une animatique par keyframes. Dans le procédé traditionnel les assistants de l'animateur se chargent ensuite de réaliser les mouvements intermédiaires (in-between) et le nettoyage des dessins (clean-up) avant leur mise en couleurs (gouachage).

J'ai développé l'ensemble des algorithmes de dessin vectoriel, de gouachage, et de rotoscopie pour le storyboard et le layout. En particulier, les algorithmes permettent de dessiner avec des brosses de forme variable, en temps réel, avec des niveaux d'undo-redo illimités. Ces développements ont été validés dans des conditions réelles de production, où chaque dessin est composé de plusieurs dizaine de milliers de courbes de Béziers. Les fonctions de copier-coller et d'édition (déformations) sont implémentées par un calcul rapide des opérations booléennes, qui met à jour la topologie du dessin.

Trois productions ont été préparées avec nos logiciels de storyboard et layout. Il s'agit de *Albert le 5ème Mousquetaire (Albert The Fifth Musketeer)* de France Animation, CINAR et

9

France 3, en 1994 (26 épisodes de 26 minutes) ; *Arsène Lupin* de France Animation et TF1, en 1995 (26 épisodes de 26 minutes) ; et *Ivanhoé* de France Animation et France 2, en 1996 (52 épisodes de 26 minutes).

Depuis que le projet a été abandonné par l'INA en 1998, l'ensemble des logiciels sont disponibles sous licence Open Source [3]. En 2000, un rapport de la Commission Supérieure Technique de l'Image et du Son de 2000 rapportait que *l'utilisation balbutiante des logiciels au niveau du story-board et en particulier du lay-out apporte un gain de productivité important pour le dessin animé français* [93].

De 1998 à 2000, j'ai participé à la création d'un nouvel axe de recherche de l'INA en indexation audio et vidéo, sous la direction de Jean-François Allouis et Bernard Stiegler. Pendant cette période, j'ai pris la direction du premier projet européen de l'INA sur ce thème (DIVAN), de la première thèse CIFRE de l'INA, et je suis devenu membre des instances de standardisation internationale ISO-MPEG.

Délégué MPEG (1997-1999) pour la rédaction des spécifications de la norme MPEG-7. Il s'agit d'un effort (toujours en cours) de standardisation de la syntaxe et de la sémantique des "metadata" qui décrivent les contenus audiovisuels. J'ai soumis plusieurs contributions lors de séminaires et réunions MPEG [48, 51]. J'ai publié deux articles destiné à un public non-spécialiste [36, 37] et un chapitre de livre [28] décrivant les effort de standardisation de MPEG et les problématiques de l'indexation audio et vidéo.

Chef de Projet (1997-2000) Dans le cadre du projet européen DIVAN sur l'indexation et la consultation d'archives de télévision en ligne [243], j'ai pris la direction d'une petite équipe de chercheurs et d'ingénieurs pour mettre en place un système expérimental d'indexation semi-automatique de "collections audiovisuelles" (séries, journaux télévisés, etc.). Les collections sont décrites de façon générique par les documentalistes à l'aide de grammaires spécialisées, et l'indexation de chaque "instance" (épisode) est ensuite effectuée automatiquement en résolvant un problème de satisfaction de contraintes. J'ai coordonné pour l'INA l'ensemble des développements C/C++, Java, CORBA, SQL3 et Python nécessaires à la réalisation du démonstrateur. Ces travaux on fait l'objet de nombreuses publications scientifiques [47, 10, 11, 29, 50, 12, 14, 14, 15, 16] et communications invitées [52, 53, 54, 55].

J'ai participé activement pendant cette période au groupe de travail GT 10 du GDR ISIS, connu sous le nom d'*Action Indexation Multimedia*. A la suite d'un ensemble d'études menées par le GT, un corpus d'émissions de télévision a été réalisé sous ma responsabilité, et distribué sous forme de CD-ROMs par l'INA pour tester les travaux développés par le groupe et permettre la confrontation des résultats.

---

3. http ://anim2000.sourceforge.net/

De septembre 2000 à septembre 2001, j'ai pris un congé sabbatique de l'INA pour ma seconde visite au centre de recherche Watson d'IBM.

1.3.4 INRIA

Au retour de mon séjour sabbatique en septembre 2001, j'ai rejoint l'INRIA, comme ingénieur expert (en 2001-2002), pour prendre part au projet européen VIBES sur l'indexation de films et vidéo. VIBES (Video Browsing Exploration and Structuring) était un projet européen financé par le programme "Information Society Technologies (IST) FET Open" de la Communauté Européenne, pour un budget total de 2.3 MEu. Le projet s'est déroulé du 1er décembre 2000 au 30 novembre 2003. Le but de ce projet était de développer de nouvelles techniques de vision par ordinateur pour découper un film de cinéma en plans et constituer automatiquement une base de données de tous les lieux, acteurs et actions représentés à l'écran. Au cours de ce projet, j'ai rassemblé les résultats d'analyse des différents partenaires pour constituer le découpage du film "Cours, Lola" sous la forme d'une base de données MySQL interrogeable depuis les pages du site du projet. En marge de ce projet, j'ai également créé la base de données du film "Le magicien d'Oz", en utilisant un découpage donné sous forme de texte. Ces travaux ont été publiés et présentés sous forme de démos dans trois conférences internationales [18, 19, 21] ainsi que lors de conférences invitées [56].

En septembre 2002, j'ai été recruté à l'INRIA comme chargé de recherche. J'ai depuis dirigé douze thèses de mastère, mastère pro et stages ingénieurs, et deux thèses de doctorat, soutenues en 2007 et 2008, qui font l'objet des chapitres 3 et 4 de ce mémoire. Le sujet de la première thèse est la capture du mouvement humain sans marqueur, par analyse des images (contours) de 3 à 6 caméras vidéo synchronisées entre elles. Cette thèse a été effectuée en partenariat avec la société Artefacto (Rennes, France) et le laboratoire de Biomécanique de l'Université de Bretagne, dans l'objectif de constituer des bases de mouvements réalistes pour l'animation 3D et le théâtre virtuel. Elle a donné lieu à plusieurs publications dans des workshops, conférences et revues [23, 25, 26, 5]. Le sujet de la seconde thèse est l'apprentissage de modèles " abstraits" des actions physiques d'un acteur humain, par analyse des images (contours) de 5 caméras vidéo synchronisées entre elles. Ces modèles sont ensuite utilisés pour reconnaître et poursuivre les mêmes actions , effectuées par d'autres acteurs en d'autres lieux, à l'aide d'une seule caméra. La thèse a démontré la possibilité de construire des modèles efficaces pour la reconnaissance simultanée des actions, des acteurs et des points de vue. Elle a donné lieu à plusieurs publications dans des conférences et revues [22, 4, 24, 27].

Pendant cette période, j'ai également dirigé les développements des logiciels de régie vidéo

MVVIDEO[4] et de calibrage de caméras MVCAMERA[5] qui ont fait l'objet d'un transfert de technologie auprès de la start-up 4D View Solutions, spin-off de l'INRIA à Grenoble.

En 2005 à Pékin, j'ai co-organisé avec Pascal Fua, Adrian Hilton et Daniel Gattica-Perez un workshop international intitulé "Modeling People and Human Interaction (PHI)" qui a fait l'objet d'un numéro spécial de la revue Computer Vision and Image Understanding [31].

En 2006 à New York, puis en 2008 à Banff (Alberta, Canada), j'ai co-organisé avec Gabriel Taubin deux workshops internationaux sur la Cinématographie 3D (à New York University, New York en juin 2006 et au Banff Center, Banff, Alberta, Canada en juillet 2008). Le premier workshop a fait l'objet d'un numéro spécial de la revue IEEE Computer Graphics and Applications en mai 2007 [32]. Le second workshop fait l'object d'un livre en cours de publication par Springer-Verlag [30].

En juin 2006, j'ai été lauréat du concours national d'aide à la création d'entreprise de technologies innovantes(concours ANVAR)[6] pour un projet de cinématographie 3D appliqué aux arts du spectacles. Pour ce projet, j'avais proposé le principe d'une prises de vues multi-caméras permettant la reconstruction 3D d'une performance scénique sous tous ses angles, en combinant les techniques du cinéma et celle de la capture de mouvement. Un tel système permettait au metteur en scène de théâtre de prendre le contrôle de la réalisation filmique de sa mise en scène (choisir les points de vues , créer des mouvements de caméras, effectuer le montage) et de l'adapter aux nouveaux supports de projections (cinéma en relief, DVD interactifs). Après l'abandon de ce projet de start-up par l'INRIA en septembre 2006, j'ai quitté l'équipe MOVI au moment où elle a été renommée PERCEPTION et rejoint l'équipe LEAR en janvier 2007. J'ai ensuite pris deux ans de disponibilité pour participer à la création d'une autre start-up, Xtranormal Technologies. J'ai retrouvé à nouveau l'équipe LEAR en avril 2009.

1.3.5 Xtranormal

Pendant mes deux années de disponibilité de l'INRIA (mars 2007 à mars 2009), j'ai participé à la création de la start-up Xtranormal à Montréal, dont l'objectif - ambitieux - consiste à automatiser la traduction d'un scénario en un film d'animation 3D. Un prototype a été réalisé en 2008, sur la base de travaux récents en analyse du langage naturel [77, 108, 254], intelligence artificielle [168, 172, 180, 227], animation procédurale [220, 84, 83] et cinématographie virtuelle [249, 143, 127].

---

4. Agence pour la Protection des Programmes, IDDN.FR.001.250031.000.S.P.2005.000.21000
5. Agence pour la Protection des Programmes, IDDN.FR.001.160003.000.S.P.2005.000.10000
6. http ://textes.droit.org/JORF/2006/09/29/0226/0078/

Au sein de cette société, j'ai pris la responsabilité d'une petite équipe chargée de concevoir et implémenter un système innovant de cinématographie et de montage automatiques pour l'animation 3D. Ce système (Magicam) est en opération sur le site d'Xtranormal depuis octobre 2008 (www.xtranormal.com). Après deux années d'efforts et 14 M$ d'investissement, la société Xtranormal commercialise depuis juillet 2009 sa première génération de logiciels dédiés à l'*écriture interactive de films*, dont le système Magicam développé par mon équipe. Face à une situation économique difficile, la société a mis fin à ses activités de R & D en mars 2009.

Trois brevets dont je suis inventeur ou co-inventeur ont été déposés par Xtranormal. Ils concernent la commande d'une caméra virtuelle en langue naturelle [33], la mise en forme automatisée d'un scénario de cinéma [34] et le montage automatique de caméras virtuelles pour la réalisation de films d'animation 3D [35].

Après une disponibilité de 2 ans, j'ai repris mon poste de Chargé de Recherche en mars 2009, pour y développer un nouveau programme de recherche dédié aux deux thèmes de l'analyse et de la production de films de cinéma. Mon travail de recherche s'inscrit désormais dans l'objectif de préparer une seconde génération d'outils permettant la réalisation *automatique* de films à partir de scénarios écrits en langue naturelle (text to movie).

L'objectif d'un système *text-to-scene* [77, 108] est d'utiliser la langue naturelle comme interface utilisateur pour faciliter la création de scènes tridimensionnelles fixes ou animées. L'équipe de Norman Badler à l'Université de Pennsylvanie est particulièrement représentative de cette problématique depuis une quinzaine d'années [220, 84, 83, 180].

La conversion d'un texte en animation est un problème mal posé en général, mais qui peut être abordé de la façon suivante. Dans une étape d'**analyse du langage naturel** (NLP), on transforme le texte d'origine en une séquence d'actions, données sous forme de *structures de cas* (case frames) qui contiennent le nom de l'action et les noms de tous les acteurs, objets ou lieux qui jouent un rôle dans l'action. C'est un problème de sémantique computationnelle, pour laquelle les approches IA traditionnelles ont progressivement cédé la place à des méthodes statistiques [149, 100, 254]. Dans une étape de **résolution**, on consulte un *dictionnaire visuel* de modèles 3D et on trouve une correspondance entre les noms de tous les objets, lieux et acteurs qui jouent un rôle dans toutes les actions du texte. Dans une étape de **planification**, on transforme chaque action en une séquence de mouvements coordonnés de tous les acteurs. Dans une étape d'**animation**, on fait exécuter ces mouvements par le moteur d'animation graphique.

Cette description de haut niveau ne doit pas cacher la difficulté de chacune des étapes. Les étapes de planification et d'animation sont prises en charge par des algorithmes d'intelligence artificielle spécifiques au jeu vidéo (game AI) [144, 101, 145]. Le recours à la langue naturelle permet de simplifier les interfaces utilisateurs, mais nécessite de faire appel à des raisonnements de *sens commun* dans les étapes de résolution et de planification [206, 205].

Par extension, l'objectif d'un système *text-to-movie* est d'utiliser la langue naturelle comme interface utilisateur pour faciliter la création de scènes de cinéma. L'approche choisie par Xtranormal consiste à coupler un système de génération de scène (text-to-scene) avec un système de cinématographie virtuelle chargé de filmer la scène.

Le système de cinématographie virtuelle que j'ai imaginé pour Xtranormal est composé d'un système de contrôle de caméras [103] et d'une système de montage automatique. Le système de contrôle de caméras est basé sur les principes bien établis du contrôle *à travers l'objectif* (through-the-lens) popularisé par Gleicher et Witkins [151]. Il s'agit d'une application directe des principes de la vision $3D$ [158, 138] qui permet de transformer la description d'un plan de cinéma (en coordonnées images) en une séquence de positions de caméras, angles de prises de vues et focales, à partir d'une représentation simplifiée de la scène $3D$.

Le système de montage automatique est plus original. Il est basé sur un modèle statistique permettant de calculer la probabilité d'une séquence de plans (shots), conditionnellement à la séquence des actions exécutées par le moteur d'animation. Cette probabilité est estimée par apprentissage à partir d'exemples de scènes de films représentatives du style de montage que l'on cherche à reproduire. Un algorithme de type Viterbi peut être utilisé pour calculer les caméras et le montage à partir d'une première exécution de la séquence d'animation. Une seconde exécution de la même séquence permet alors de tourner les plans et de les monter. Cette méthode et le système qui l'implémentent sont protégés par un brevet déposé par Xtranormal, dont je suis l'inventeur [35]. Elle a été démontrée avec succès sur le site d'Xtranormal pour des scènes de dialogues de styles sitcom et soap-operas, à l'aide de modèles semi-markoviens de premier ordre. Mais l'adaptation à des scènes d'ambiance ou d'actions, et surtout à des styles plus intéressants, reste un problème de recherche ouvert. Il me paraît judicieux de l'aborder de front avec celui de l'analyse automatique des films.

CHAPITRE 2

Analyse Automatique de Films

Dans ce chapitre, nous présentons deux séries de travaux réalisés en 1998-2000, puis 2003-2004, et qui abordent le problème du découpage d'une séquence d'images (film ou émission de télévision) en scènes cohérentes, susceptibles d'être décrites et indexées séparément.

Ces deux séries de travaux poursuivent des buts différents. Dans le premier cas, il s'agit de modéliser la structure commune (canevas ou template) d'une collection d'émissions de télévision, et d'en déduire un automate capable de reconnaître cette structure. Dans le second cas, il s'agit de découper un film en une séquence de *plans* (shots) et de les associer avec une description en langue naturelle venant d'une autre source (une continuité dialoguée, également appelée découpage). Nous terminons ce chapitre par une brève discussion des pistes de recherche ouvertes par ces deux travaux précurseurs.

2.1 Problématique et état de l'art

Dans cette première partie de notre mémoire, nous nous attachons à utiliser la vision par ordinateur pour réaliser l'analyse automatique d'un film de cinéma ou d'une émission de télévision. Cette problématique de recherche est motivée par des applications pratiques de grande importance, comme l'indexation des archives audiovisuelles - en France, l'INA pour la télévision et le CNC pour le cinéma ; en Grande-Bretagne, la BBC pour la télévision et le BFI pour le cinéma ; aux USA, les networks pour la télévision et les studios hollywoodiens pour le cinéma, etc. Aux

15

aspects patrimoniaux s'ajoute de plus en plus un aspect économique et commercial (mettre sur le marché des moteurs de recherche incluant les images et les sons).

Le signal de départ a été donné en 1997 par le groupe d'experts MPEG auquel je participais, lorsqu'il a mis en chantier la norme MPEG-7 de description des documents vidéo [102, 194, 199]. Il s'agissait au départ d'un effort volontariste destiné à promouvoir les recherches en cours sur l'analyse automatique des images et des sons. En particulier, un grand nombre de travaux alors en cours dans le domaine de la segmentation des images et des sons pour pouvaient y trouver des applications nouvelles. Les systèmes de requêtes par l'exemple sont caractéristiques de cette première période. Les plus intéressants sont Video Engine de Virage [157], Image-Seeker de LTU Technologies et Informedia de Carnegie Mellon University [1].

2.1.1 Le fossé sémantique

Il apparut bien vite que les méthodes de segmentation qui étaient efficaces pour le codage et la compression, n'étaient pas forcément adaptées lorsqu'il s'agissait de répondre à des requêtes de haut niveau, telles que *trouver des images du président Clinton faisant un discours* ou *faisant un jogging* ou *trouver des images du décollage d'une fusée* (exemples choisis par TRECVID [2] pour évaluer les méthodes d'indexation vidéo par le contenu).

On commença alors à parler du *fossé sémantique* [241] qui existait entre ces requêtes et celles permises par les méthodes d'indexation par le contenu, dont les exemples les plus caractéristiques ont longtemps été limités à *trouver des images dont les couleurs et les formes sont similaires à un exemple* ou *trouver des images d'objets jaunes sur un fond rouge* ou *trouver des images de coucher de soleil*. Pour combler ce fossé sémantique, trois approches furent proposées - les metadata, l'esthétique des médias, et les approches statistiques de la recherche d'information.

Metadata. La première consiste à réfuter la possibilité même d'une indexation par le contenu et de la remplacer par une généralisation des techniques documentaires, si possible pendant la production et la post-production, sous forme de données descriptives de haut niveau, les *metadata* [208]. Mais la production des metadata est loin d'être généralisée, ni normalisée, surtout dans la production audio-visuelle. De plus, elle est le plus souvent rédigée en langue naturelle pour des besoins autres que le recherche d'informations. Les travaux sur l'annotation conceptuelle de vidéo de Marc Davis à Berkeley ou Philippe Mulhem à Grenoble montrent à la fois l'attrait et la difficulté de ce type d'approches [112, 133, 188].

---

1. http ://www.informedia.cs.cmu.edu/
2. http ://www-nlpir.nist.gov/projects/trecvid/

Esthétique computationelle des média. La seconde approche consiste à privilégier l'analyse des règles de production des contenus audiovisuels, afin d'en tirer partie pour répondre indirectement aux requêtes de haut niveau [118, 117, 119, 74]. Les contributions que nous avons faites avec François Pachet et Jean Carrive dans ce domaine furent de proposer un formalisme conceptuel pour la description des images et des sons qui composent un film ou programme de télévision [10] ; de montrer que l'analyse d'un film ou programme de télévision est souvent un problème de *reconnaissance de plans* au sens IA du terme [3] [29] ; et de proposer une solution à ce problème avec l'exemple de plusieurs collections de journaux télévisés [13, 14].

Recherche d'informations. La troisième approche consiste à exprimer les problèmes d'indexation comme des problèmes de recherche d'information - il s'agit donc d'énumérer les concepts utiles aux requêtes, et d'apprendre à les reconnaître automatiquement à partir du contenu des images et des sons. Dans cette approche, les méthodes d'apprentissage statistique à partir d'exemples (statistical machine learning) se sont très vite imposées. Les conférences TREC (Text REtrieval Conferences) organisent chaque année une compétition sur la recherche d'informations dans la vidéo (TRECVID) qui est particulièrement représentative de cette approche [239, 240].

2.1.2 Les films de cinéma

Les films de cinéma ont été moins étudiés en vision par ordinateur que les images de surveillance, les retransmissions sportives ou les journaux télévisés. Cependant, un petit nombre d'équipes poursuivent depuis plusieurs années un programme de recherche ambitieux pour reconnaître les objets, les acteurs, les lieux et les actions dans les films de cinéma.

Everingham, Sivic et Zisserman étudient la problématique de la reconnaissance des acteurs dans les films [237, 130, 128]. Pour cela, ils disposent d'une transcription, qui donne les dialogue et le nom des locuteurs, et des sous-titres, qui donnent une version abrégée des dialogues et des time-codes. Ils extraient neuf points caractéristiques des visages dans les images, et utilisent cette information visuelle pour déterminer qui est à l'écran pendant la durée d'un sous-titre, et émettre des hypotheses sur l'identité de chaque visage. Ces travaux permettent de reconstituer le *casting* d'un film et de nommer les acteurs plan par plan [79, 129].

La reconnaissance automatique des lieux et des scènes dans les films a été étudiée par Schaffalitzky et Zisserman [232]. Plus récemment, Héritier, Gagnon et Foucher ont proposé un modèle probabiliste des lieux et des scènes successives d'un film [159]. Sivic et al. effectuent la

---

3. Les "plans" de l'IA sont issus du vocabulaire de la planification et n'ont rien à voir avec les "plans" du cinéma. C'est pourquoi nous préférons utiliser les termes de canevas ou templates.

reconnaissance d'objets qui apparaissent dans plusieurs plans d'un même film [238]. Rothganger et al. trouvent des correspondances d'objet à objet pour estimer leurs mouvements et les reconnaître dans plusieurs plans d'un même film [140].

La reconnaissance d'actions dans les films est un sujet de recherche plus récent, représenté en particulier par les travaux de Laptev et al. [187, 186]. Marszaek et al. [198] montrent l'intérêt de procéder simultanément à la reconnaissance des actions, des scènes et des lieux dans les films, puisque ces trois facteurs sont fortement corrélés. Ces travaux sont très encourageants, même si le nombre d'actions (passés de 3 à 12 en quelques années) et les taux de reconnaissance sont encore trop faibles pour être utilisés en pratique.

2.2 Contributions

2.2.1 Classification de séquences audio-visuelles

Dans le contexte de l'indexation automatique de documents audiovisuels, nous nous sommes intéressés aux collections d'émissions de télévision, qui respectent une structure générale commune, comme les journaux télévisés ou les magazines d'actualité ou de variétés. Dans ces collections, nous cherchons à représenter et à reconnaître les *segments autonomes* qui peuvent être annotées comme un tout par un(e) documentaliste. Par exemple, une chanson dans un magazine de variétés ou un sujet dans un journal télévisé sont des segments autonomes, susceptibles d'être décrits, indexés et recherchés pour eux-mêmes. Il est donc utile d'obtenir un découpage de chaque émission sous la forme de ses segments autonomes.

C'est donc un problème de segmentation, qui est posé parce que les divisions "calculables" d'une vidéo (les plans et les segments de parole ou de musique), n'ont pas de valeur documentaire. En revanche, les divisions documentaires "naturelles" (sujets d'un journal, numéros d'un spectacle de variétés, scènes d'un film) ne sont pas directement calculables. En d'autres termes, il n'existe pas d'algorithmes génériques pour détecter les changements de sujets d'un journal télévisé, les changements de numéros dans une émission de variétés, ni même les changements de scènes dans les films, par analyse des contenus visuels et sonores. Le problème de la détection des changements de sujets dans les journaux est d'ailleurs un thème de recherche à part entière (topic change detection) dans le domaine de la recherche d'informations.

Notre analyse de ce problème nous a mené à proposer un système permettant de *définir* les segments autonomes de plus haut niveau d'une collection par *composition* de segments calculables de plus bas niveau ; et de reconnaître ces segments dans chaque épisode de la collection par inspection des segments calculables.

Pour cela, nous avons proposé un langage de représentation de ces classes de séquences appelées canevas (templates). La définition d'un canevas repose d'une part sur un vocabulaire d'événements primitifs directement observables, tels que les logos ou les jingles, et d'autre part sur un ensemble de relations temporelles prescrites entre ces événements. A titre d'exemple, nous avons représenté dans la Figure 2.1 une partie de la hiérarchie des classes d'événements utilisés pour définir les sujets des journaux télévisés français. Nous représentons les événements primitifs dans un formalisme de logiques de description et nous étendons l'algèbre d'intervalles temporels de Allen avec un opérateur d'itération désignant des séquences d'événements adjacents.

Les logiques de description (LOOM) ont été introduites dans le domaine de la vision par Keith Price et Robert McGregor au cours du projet VEIL à l'USC en 1994 [222]. Mais leur étude était limitée au domaine spatial d'une seule image. Plus récemment, Neumann et Moller ont également proposé de modéliser des scènes $3D$ et leurs images à l'aide d'ontologies construites dans une logique de descriptions [211] mais leur étude est également limitée aux images fixes. Kennedy et Mercer [177] ont utilisé les logiques de description pour décrire des concepts filmiques (plans, éclairages, cadrages, etc.) dans le contexte de la génération automatique de films. Ils utilisent la théorie des structures rhétoriques (Rhetorical Structure Theory) de Mann et Thomson [195] et l'adaptent au langage cinématographique.

L'utilisation que nous avons fait des logiques de description pour analyser des séquences audiovisuelles est donc une contribution originale. Cette approche nous a amené à exprimer la reconnaissance des canevas comme un problème de satisfaction de contraintes, et Jean Carrive a proposé dans sa thèse une méthode de résolution efficace ainsi qu'une implémentation de cette méthode dans un système de satisfaction de contraintes existant.

Ces travaux sont décrits dans les articles *Using Description Logics for Indexing Audiovisual Documents* [10] ; *Audiovisual-based Hypermedia Authoring* [11] ; *A Language for Audiovisual Template Specification and Recognition* [14] et *Clavis : a temporal reasoning system for classification of audiovisual sequences* [13].

Audiovisual Event Description Interface. Une contribution importante de notre travail a été de proposer une représentation générale des événements audiovisuels [11]. Un événement e est une entité dont la description comporte de façon obligatoire un support temporel $start(e, t_1)$, $end(e, t_2)$ et de façon facultative une classification dans une taxonomie d'événements, par exemple $action(e)$, $shot(e)$ ou $scene(e)$; des relations binaires avec d'autres entités, par exemple $location(e, p)$ ou $agent(e, a)$; et des relations binaires avec d'autres événements, par exemple $continues(e_1, e_2)$, $causes(e_1, e_2)$, etc.

Ce formalisme AEDI a été validé au cours du projet DIVAN, et utilisé pour d'autres projets de l'INA pour représenter les liens entre les *supports* audiovisuels et leur *indexation* [82, 81, 204]. Nous l'avons également présenté lors d'une réunion MPEG [49] et cette contribution a servi à l'élaboration du meta-langage DDL (Description Definition Language) du standard MPEG-7. AEDI présente l'intérêt d'une représentation unifiée pour l'ensemble des éléments de description (metadata), qui permet d'exprimer aisément des requêtes complexes. Cette souplesse est utile pour l'annotation et la documentation manuelle, puisque tout segment temporel, quel qu'il soit, peut servir de support à un événement. En revanche, cette souplesse est problématique pour l'analyse automatique de la vidéo, pour laquelle il nous faut donner des critères objectifs pour la segmentation des événements visuels.

Selon les psychologues Barbara Tversky et Jeffrey Zacks, l'esprit humain découpe le flux de ses experiences selon des frontières (*perceptual event boundaries*) qui sont relativement prévisibles ; stables entre sujets ; et répétables [258]. Si l'on se réfère à leurs résultats expérimentaux, on note également que le découpage d'un flux en événement est hiérarchisé, et que les frontières entre les segments visuels correspondent presque toujours à des extrema de la quantité de mouvement visuel.

Ceci nous suggère donc de décomposer l'analyse en trois étapes - une étape de segmentation, basée sur une analyse superficielle du mouvement dans les images ; une étape de classification des plus petits segments ainsi obtenus ; et une étape de composition de ces petits segments en segments de plus haut niveau. C'est ainsi que nous avons conçu l'architecture du prototype d'indexation DIVAN (Figure 2.2).

CLAVIS. Le système CLAVIS [29, 14, 13] que nous avons développé avec François Pachet et Jean Carrive à l'INA est une extension du système de reconnaissance de canevas T-REX proposé en 1992 par Weida et Littman [250], qui est lui-même inspiré de l'approche théorique proposée par Henry Kautz [174]. Dans T-REX, un canevas est défini par la données de concepts d'actions organisés en une taxinomie d'actions et de contraintes temporelles entre ces actions. L'exemple canonique utilisé par les auteurs de T-REX est celui de la recette de cuisine : une recette consiste en une séquence d'actions (chauffer l'eau, verser les pâtes dans l'eau, sortir les pâtes de l'eau, égoutter, préparer la sauce, etc.) Les contraintes temporelles expriment les priorités entre ces actions. Le problème de la reconnaissance de canevas consiste à deviner quelle "recette" prépare le cuisinier en observant la séquence de ses actions. Par analogie, nous avons construit un système qui décrit les "recettes" de production d'un journal télévisé : la recette d'un reportage ou d'une interview consiste à assembler certaines séquences caractéristiques d'images et de sons. Les contraintes temporelles expriment les priorités entre ces séquences. Notre problème consiste à "deviner" quelles recettes sont appliquées au cours du journal, et d'en reconstituer la chronologie.

Un canevas est donc la décomposition d'une séquence complexe en séquences plus simples

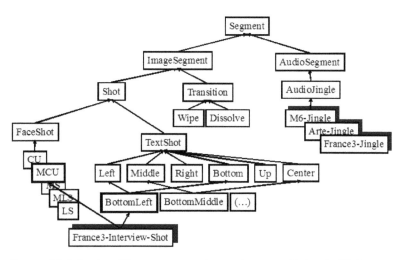

FIGURE 2.1: Indexation vidéo comme reconnaissance de canevas. Taxinomie d'événements audiovisuels (actions) et de plans (canevas) définis pour les journaux télévisés français.

- les parties *fonctionnelles* de la séquence, c'est-à-dire celles qui sont contraintes spatialement ou temporellement par leur fonction. Cette décomposition permet d'organiser une bibliothèque de séquences, organisée hiérarchiquement comme dans la Figure 2.1. Pour cela, une relation de subsumption peut être définie entre les canevas, qui sont alors organisés en une taxinomie de plans. Ceci nécessite la propagation des contraintes temporelles afin d'obtenir la clôture du réseau de contraintes. Cette étape peut être réalisée *offline*, et permet d'organiser la base des canevas possibles de façon à en faciliter la reconnaissance en ligne.

Le principe de la reconnaissance est le suivant. En fonction des observations (séquences primitives reconnues par le système), les canevas peuvent être classés en trois modalités - nécessaire, possible et impossible. Un canevas est nécessaire si il est réalisé quelles que soient les observations futures. Un canevas est impossible si il ne peut être réalisé, quelles que soient les observations futures. Un canevas est possible si des observations futures peuvent le confirmer ou l'infirmer.

Nous avons adapté ce principe pour une taxinomie d'événements audiovisuels, caractéristiques du montage, tels que les changements de plans par cuts, fondus ou volets ; les jingles et autres effets musicaux ; les incrustations de textes et sous-titres ; les incrustations d'images (picture in picture), etc. Ces événements peuvent être observés et reconnus de façon automatique,

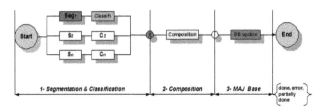

FIGURE 2.2: Automatisation des traitements d'analyse vidéo dans le prototype DIVAN. Pour chaque classe *primitive* d'événement (action), un détecteur est exécuté sous forme d'une segmentation suivie d'une classification ; le résultat est stocké sous forme d'une *timeline* spécifique. Les événements *composés* sont reconnus par composition d'événements primitifs. Tous les événements reconnus sont insérés dans la base pour être validés et annotés par les documentalistes de l'INA.

par des méthodes spécifiques d'analyse d'images. La Figure 2.1 en présente quelques exemples.

Ainsi, ces *événements primitifs* peuvent-ils être simplement définis comme les résultats des algorithmes qui les reconnaissent. Nous avons utilisé cette propriété dans DIVAN pour mettre en œuvre une architecture ouverte permettant d'intégrer facilement de nouveaux concepts d'événements primitifs, sous la forme d'un nom de classe et d'un algorithme de détection. Les *événements complexes* ou *canevas*, sont définis à partir des événements primitifs ou d'autre canevas, dans la logique de description ALC utilisée par CLASSIC [94, 10]. Cette représentation nous permet d'automatiser également leur reconnaissance. On peut se reporter à la Figure 2.1 qui énumère les actions et les plans des journaux télévisés français, ainsi qu'à la Figure 2.2 qui présente le *work flow* des traitements automatiques, composé d'une étape de *segmentation* des bandes image et son, d'une étape de *classification* des segments obtenus en événements primitifs, et d'une étape de *composition* des événements primitifs en événements complexes.

2.2.2 Indexation de films par leurs scripts

De 2001 à 2004, j'ai mis en œuvre une série de techniques destinées à indexer entièrement un film par son découpage technique. Le découpage (continuity script) est une description plan par plan du film tel qu'il a été tourné. Les découpages sont plus difficiles à trouver que les scénarios de films. Ils sont souvent réalisés après visionnage d'une copie finale du film, par des éditeurs indépendants comme L'Avant-Scène Cinéma en français, ou Rutget Film Classics en anglais. Nous avons choisi "Le magicien d'Oz" car le découpage de ce film est disponible librement

FIGURE 2.3: Découpage du plan 24 du film "Le magicien d'Oz". Chaque plan est décrit par la taille de plan (LS) ; le lieu (Int. Gale Sitting Room) ; une description de l'image initiale (Aunt Em and Miss Gulch seated) ; la séquence des actions et mouvements de caméras ; et la séquence des dialogues. L'alignement des dialogues avec les sous-titres du film permet d'associer cette description au plan correspondant.

sous forme électronique [4]. Ce découpage a été établi sur le plateau et ne correspond donc pas exactement au montage final. Mais il est suffisamment précis pour nous permettre de décrire fidèlement plus de 600 plans dans la version finale du film. La Figure 2.3 présente un exemple d'une description détaillée de plan extraite du découpage.

Notre contribution dans ce domaine a été d'avancer l'idée d'utiliser le découpage pour obtenir une annotation fiable et pertinente d'un film ; de proposer les outils d'analyse syntaxique, de détection des changements de plans, d'extraction des sous-titres et de mise en correspondance permettant d'aligner *automatiquement* le découpage et le film ; et de proposer un schéma de base de données permettant d'indexer les plans du film et de répondre aisément à un grand nombre de requêtes.

Alignement du film et du découpage. Pour aligner le film et son découpage, nous avons mis en œuvre une stratégie de recherche des plus longues sous-séquences communes entre les sous-titres du film - qui sont time-codés, mais ne contiennent pas les locuteurs - et les dialogues du découpage - qui donnent explicitement le nom des locuteurs mais ne sont pas time-codés. Ce travail a été publié en 2003 sous le titre *A framework for aligning and indexing movies with their script* [19]. Nous y montrons comment aligner les dialogues du script avec les sous-titres

---

4. http ://www.imsdb.com/scripts/Wizard-of-Oz,-The.html

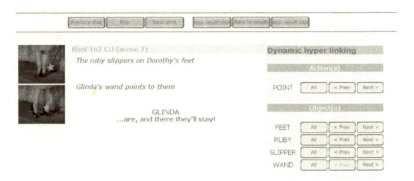

FIGURE 2.4: Description d'un plan par les mots-clés extraits du découpage. Chaque mot-clé constitue un hyperlien vers les autres plans du film.

du film, afin de mettre en correspondance les plans communs aux deux versions du film dont nous disposons - la version du découpage et celle du montage final qui figure dans le DVD.

Nous avons aligné les dialogues et les sous-titres à l'aide de l'algorithme de recherche de plus longues séquences de Ratcliff-Obershelp [225], qui donne de très bons résultats sur ce problème. Son principe est très simple, et consiste à chercher une sous-séquence maximale commune *connexe* entre les deux séquences, puis à découper récursivement de la même façon les parties restant de part et d'autre. Ainsi, le résultat obtenu n'est pas la sous-séquence commune de longueur maximale, mais l'union des plus longues sous-séquences connexes. Cet algorithme donne également de très bons résultats sur le problème de l'alignement entre plans, et se montre particulièrement efficace dans ce cas. Nous avons cependant préféré utiliser un algorithme plus classique de programmation dynamique, avec une distance d'édition entre les deux séquences qui nous permet de donner un coût aux deux opérations d'insertion et d'effacement, qui représentent les différences entre les deux montages du film.

Ceci nous permet d'obtenir un alignement explicite entre les dialogues du découpage et les plans du film. La Figure 2.4 donne un exemple de plan avec la description associée provenant du découpage. De plus, cette méthode nous permet d'obtenir *indirectement* un alignement des actions du découpage aux plans du film dans un grand nombre de cas. Et elle nous permet de dresser la liste des locuteurs pour chaque plan - parfois même avec une mention indiquant si ils sont à l'écran (onscreen) ou hors-champ (offscreen). La Figure 2.3 montre les actions qui figurent dans le découpage du plan 24 du film "Le magicien d'Oz". La Figure 2.6 montre les images correspondantes.

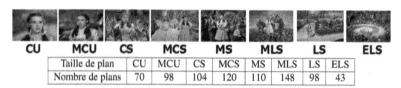

Taille de plan	CU	MCU	CS	MCS	MS	MLS	LS	ELS
Nombre de plans	70	98	104	120	110	148	98	43

FIGURE 2.5: Histogramme des tailles de plans dans le film Le Magicien d'Oz. Notre base permet d'étudier les distributions de tous les mots-clés du découpage dans tous les plans du film et de les corréler avec les descripteurs visuels extraits de la bande image.

Les résultats d'alignement du découpage du film "Le magicien d'Oz" avec les plans du film sont les suivants [19]. Sur 3041 dialogues, nous en avons alignés 1866 avec les 2649 sous-titres du film, ce qui nous a permis d'aligner 604 plans avec leur découpage, sur un total de 683 plans dans le film (et 791 dans le découpage). Après inspection, nous avons observé que plusieurs scènes ont été coupées dans le montage final (80 plans au total), ainsi qu'une centaine de plans isolés. Nous disposons donc au total d'une base de plus de 600 plans annotés. La structure narrative de chaque plan peut être assez complexe. Ainsi, par exemple, le 24ème plan du film qui est représenté par les Figures 2.3 et 2.6 contient 9 actions et 3 mouvements de caméras. Obtenir un alignement spatial et temporel précis entre les actions et les images reste un problème ouvert [106, 107].

Indexation et requêtes. A partir du travail précédent, nous avons créé et mis en ligne une base de 600 plans du film "Le Magicien d'Oz", indexés par leur découpage, et qui transforment ce film en une base de données, répondant ainsi aux voeux des théoriciens des nouveaux médias que sont Lev Manovich et Andreas Kratky [196]. Ce travail a été présenté sous forme d'une démonstration (Reading Movies) au cours de la conférence ACM Multimedia, 2004, à New York [28]. Cette base peut être interrogée par des requête SQL, dont les résultats sont des listes chronologiques de plans, présentés dans l'ordre du film. Chaque plan peut ensuite être inspecté avec la liste de ses mots-clés, qui définissent autant d'hyperliens vers d'autres plans décrits par les mêmes mots-clés, comme on peut la voir dans la Figure 2.4. Le schéma de la base de données consiste en un petit nombre de tables relationnelles, qui contiennent l'ensemble des occurrences de chaque mot-clé sous la forme de relation plan-mot-clés.

2.3 Bilan et perspectives

Bien que publiés entre 1998 et 2004, les travaux de ce chapitre conservent une certaine ac-tualité. Ainsi, nous avons vu plusieurs auteurs proposer également l'utilisation des scénarios de films pour constituer des bases d'exemple annotés permettant l'apprentissage de méthodes de reconnaissance audio [246, 231] ou vidéo [115, 107, 106, 123]. Nous avons nous-mêmes étendu nos méthodes d'analyse pour le cas des scénarios de cinéma [34] de façon à rassembler une collection importante de scènes de films dans le cadre de notre projet *text-to-movie*.

De même, l'organisation sous forme de taxinomies des classes d'objets et événements visuels qui peuvent être reconnus algorithmiquement est un thème de recherche qui commence à émerger, au fur et à mesure que le nombre de ces classes augmente. C'est déjà le cas pour les noms et la reconnaissance d'objets. Ainsi, ImageNet [5] rassemble plusieurs dizaines de milliers d'images fixes annotées par les concepts de l'ontologie WordNet [113, 114]. A l'avenir, on peut prévoir des efforts similaires pour les verbes et la reconnaissance d'actions. Kojima et al. [183] en présentent une première approche. Plus récemment, le langage VERL (Video Event Representation Language) [139] revient sur la notion d'*événement audiovisuel* et propose une ontologie pour la description et la classification d'événements. La constitution de grandes bases de vidéo annotées de façon collaborative est déjà en cours [257] et pose le problème de la classification des actions et événements audiovisuels sous un angle nouveau. Nous pensons que le domaine du cinéma et son appareil critique peuvent contribuer à faciliter et clarifier cet effort.

Nous terminons ce chapitre en mentionnant quelques pistes de recherche qui viennent naturellement dans le prolongement de nos travaux précédents.

2.3.1 Analyse de films et traduction automatique

Une façon naturelle de poursuivre nos travaux précédents consiste à localiser plus précisément les actions du découpage (Figure 2.3) dans l'espace et dans le temps du film (Figure 2.6), pour apprendre à les reconnaître dans d'autres films. *C'est un problème de traduction automatique entre les séquences d'images du film et les séquences d'actions du découpage.* Dans ce cadre, chaque plan aligné du film "Le magicien d'Oz" nous fournit une paire d'éléments traduits l'un de l'autre. Comment en déduire un modèle statistique permettant de traduire d'autres plans ? L'analogie avec la traduction automatique a été proposée par David Forsyth et ses étudiants pour la reconnaissance d'objets, à partir d'images fixes et de leurs légendes [124]. Il parait naturel de l'étendre à la reconnaissance des objets et des actions dans un film, en utilisant les plans et leurs découpages comme un *corpus parallèle bilingue*.

Le problème de la traduction automatique à partir de corpus parallèles bilingues est bien connu dans le domaine du traitement des langues naturelles (NLP). Les méthodes statistiques se sont imposées dans ce domaine depuis les années 1990 ; ainsi par exemple, Church et al.

---

5. http ://www.image-net.org/

proposent des approches pour en déduire un alignement optimal au niveau des caractères [104] ou des mots [162]. Parmi nos pistes de recherche futures, nous envisageons d'adapter ce type de méthodes au cas de la traduction d'un script en images. Cette problématique a été abordée récemment par Cour et al. qui démontrent un alignement partiel entre les actions figurant dans le scénario du film et les images du film [107, 106]. Duchenne et al. proposent également des solutions au problème de l'annotation des actions dans les films, et tentent de résoudre les problèmes de segmentation et d'alignement [123].

2.3.2 Analyse de films et classification

Dans la suite de notre travail, nous pouvons utiliser notre base de plans annotés pour aborder quelques problèmes de classification importants pour l'analyse automatique de films, et qui n'ont jusqu'à présent pas été correctement traités.

Reconnaissance des tailles de plan. Les plans cinématographiques couvrent une échelle allant du très gros plan (la caméra couvre une dizaine de centimètres) au plan d'ensemble (la caméra couvre une dizaine de mètres), soit un rapport de 1 à 100. A titre d'exemple, la Figure 2.5 montre la distribution des tailles de plans dans le film "Le magicien d'Oz". Il parait donc utile de déterminer très tôt la taille de plan qui joue très certainement un rôle important pour la reconnaissance de tous les autres éléments de la scène (acteurs, lieux, objets et actions). C'est un problème de classification supervisé assez classique, mais qui n'a pas été abordé jusqu'à présent et mériterait d'être étudié.

Reconnaissance des mouvements de caméras. Il s'agit encore d'utiliser les plans comme des exemples pour apprendre à reconnaître les différents mouvements de caméras. Ce problème simple en apparence ne semble pourtant pas correctement résolu. Les méthodes habituelles se contentent en effet d'une classification instantanée, qui ne permet pas de distinguer les mouvement de rotation (panoramiques) des mouvements de translation (dollies et grues). Nous verrons au chapitre 4 qu'il est possible en principe de reconnaître simultanément les actions et les mouvements de caméras.

Reconnaissance des actions. Nous pouvons aussi bien entendu utiliser les plans annotés comme exemples pour l'apprentissage d'algorithmes de classification des actions présentes dans le plan. Nous y reviendrons au chapitre 4.

2.3.3 Analyse de films et reconnaissance de canevas

Notre travail sur la classification des séquences audiovisuelles nous a permis de poser le problème de l'indexation comme un problème de reconnaissance de canevas. Jean Carrive continue d'explorer cet axe de recherche à l'INA, et l'applique sur des corpus d'œuvres de télévision variées [97]. Dix ans plus tard, il paraît intéressant de revenir à cette formulation et de tenter de l'étendre au film de cinéma. La question du découpage d'un film en scènes et séquences narratives reste un problème ouvert, que nous avons abordé brièvement avec Emmanuel Veneau et Patrick Bouthemy à l'aide de méthodes de clustering des images des plans qui composent ces scènes [16]. Avec le recul de nos travaux précédents, il serait intéressant de formuler cette question comme un problème de reconnaissance de canevas. Cependant, les bases de films que nous avons constituées mettent en évidence la difficulté du problème :

- Le répertoire des séquences (canevas) ne peut être énuméré. Les scènes de cinéma ne forment donc pas un lexique. Mais on peut tenter des classifications, souvent simplistes mais utiles, par exemple - scènes de dialogue, d'ambiance et d'action.
- Le répertoire des plans (shots) possibles ne peut pas être énuméré. Les plans de cinéma ne forment donc pas un lexique. Mais chaque plan peut être décrit selon une séquence de *cadrages* et d'*actions* qui modifient les cadrages.
- Le répertoire des cadrages possibles ne peut pas être énuméré. Les cadrages de cinéma ne forment donc pas non plus un lexique. Mais chaque cadrage peut être décrit comme la composition de *sujets* placés dans un décor.
- Le répertoire des sujets et décors possibles peut être énuméré. Il est composé des objets et lieux du monde représentés dans le film.
- Le répertoire des actions possibles peut être énuméré. Il est composé des actions que peuvent exécuter les acteurs et la caméra.

Nous voyons donc combien la problématique de la reconnaissance des acteurs, des objets et des actions se trouve au centre de l'analyse de films. La reconnaissance de canevas parait bien adaptée pour aborder la combinatoire des actions primitives de plusieurs acteurs, en particulier dans le cadre de jeux ou de sports dont les règles peuvent être formalisées - mais aussi peut-être dans le cas du film et de ses règles narratives. Dans le domaine de l'IA, les méthodes statistiques se sont maintenant imposées pour la reconnaissance de canevas comme pour d'autres problèmes, ce qui facilitera à l'avenir leur mise en œuvre dans le domaine de la vision. Kautz lui-même reformule le problème de la reconnaissance des activités *entrelacées* d'un acteur dans son environnement en termes de modèles de Markov [170]. On peut citer aussi les travaux récents de Geib et Goldman [147] ou Gorniak et Roy [152] utilisés pour la reconnaissance multi-modale de dialogues faisant référence aux objets et actions de la scène. Dans la même veine, les graphes AND-OR introduits par Zhu et Mumford [259] ont récemment été proposés pour modéliser les scénarios (storylines) des retransmissions télévisées de base-ball [156] et jouent un rôle très similaire aux canevas que nous avons introduits dans ce chapitre. Lorsque nous disposons des scripts ou découpages de films, nous pouvons envisager de reconstituer ainsi la *chaîne narrative des événements* de chaque protagoniste [100] soit à partir du texte seul, soit à partir des images seules, soit à partir des images et du texte alignés.

Il faut cependant rester prudent, et relire justement Henry Kautz [174], qui s'interrogeait en 1991 sur la possibilité d'appliquer sa théorie de la reconnaissance de plans à des observations visuelles : *"how are visual impressions of simple body motions - such as an actor moving his hands in such and such fashion - translated into the impression that the actor is in fact rolling out dough to make pasta ? (...) the semantic gap between the output of the low-level processes and the high-level inference engines remains wide, and few have ventured to cross it".*

Les deux chapitres suivants illustrent deux séries de travaux récents qui tentent de combler ce fossé sémantique, en reliant les images d'une personne en action avec les mouvements de ses articulations (chapitre 3) ; et en apprenant à y reconnaître quelques actions primitives (chapitre 4). Des descriptions mi-géométriques, mi-conceptuelles, de ce type, pourraient à l'avenir servir d'observations pour la reconnaissance d'actions planifiées, de plus haut niveau, formalisées en termes de canevas. Cette problématique de l'organisation des actions et des canevas deviendra probablement importante lorsque le nombre d'actions primitives qui peuvent être reconnues augmentera. Dans l'état de l'art actuel, la plupart des systèmes de reconnaissance d'actions sont limités à une douzaine d'actions primitives, ce qui encore bien insuffisant.

FIGURE 2.6: Micro-segmentation du plan 24 du "magicien d'OZ" en 9 actions et 3 mouvements de caméras. Est-il possible de mettre en correspondance les actions du films avec leurs descriptions dans le découpage ? C'est un problème de traduction automatique, pour lequel nous disposons d'un corpus parallèle, permettant en principe l'apprentissage statistique d'un modèle de correspondance entre les images et les actions.

CHAPITRE 3

Analyse du Mouvement Humain

Dans ce chapitre, nous élaborons une description géométrique des mouvements du corps humain dans les images pour tenter de répondre à deux problèmes importants en vision par ordinateur - la détection du corps humain dans une image et l'analyse de ses mouvements dans une séquence.

Nous ne savons pas comment le système visuel humain résout ces problèmes, que ce soit dans son environnement naturel ou (ce qui est encore plus étonnant) au cinéma. De nombreuses études ont été consacrées à ce sujet depuis les célèbres expériences de Johansen, qui ont mené Cutting et Proffitt à proposer leur théorie d'une *grammaire d'événements* qui serait implémentée par la perception visuelle [109]. Mais les mécanismes en restent encore mystérieux .

3.1 Motivations

L'application qui nous motive plus particulièrement dans ce chapitre est la capture de mouvements sans marqueur, notamment pour ses applications dans les domaines de l'animation et du jeu vidéo. L'animation d'un acteur virtuel est un processus difficile et coûteux, qui nécessite de la part des animateurs une connaissance approfondie des mouvements humains. Le recours à la capture de mouvements permet d'automatiser en partie cette animation. Des acteurs professionnels endossent des costumes couverts de marqueurs, et jouent la scène à animer. Leur performance est enregistrée sous forme de trajectoires des marqueurs visibles par 8 à 16 came-ras. Les mouvements des acteurs sont alors calculés afin de prédire au mieux les trajectoires des marqueurs. Les mouvements sont enregistrés sous forme de trajectoires angulaires, qui peuvent être appliquées à des acteurs virtuels en animation $3D$ (retargetting). D'un point de vue esthé-tique, ce processus est loin d'être parfait et peut produire des animations qui paraissent fausses ("uncanny valley") ou effrayantes ("zombie-line"), mais il est devenu fréquent dans de nom-breux studios d'animation en France et dans le monde, à l'exception (notable) de Pixar.

Dans le cas du jeu, le recours à la capture de mouvement est encore plus généralisé. Une grande collection de mouvements est capturée chaque personnage afin d'offrir des animations réalistes et variées au cours de chaque partie. Mais il reste très difficile de modifier l'expression d'un mouvement capturé ou d'adapter les mouvements d'un personnage à un autre. Enfin, les interactions entre personnages posent de multiples problèmes, qui nécessitent en pratique la capture de toutes les combinaisons possibles.

La capture sans marqueur présente un double avantage - de faible coût, elle peut facilement être mise en place au cas par cas, favorisant ainsi la pratique (courante) de la rotoscopie, par laquelle un animateur se prend lui-même comme modèle pour mettre au point une animation ; et surtout, par l'enregistrement simultané des mouvements et des images, on préserve des in-formations qui peuvent s'avérer capitales, comme les expressions du visage, les contacts entre les parties du corps, avec le sol, ou avec les autres éléments de la scène. Toutefois, à l'heure ac-tuelle, la capture sans marqueur ne peut pas rivaliser avec la capture traditionnelle, ni en terme de précision, ni en terme de fiabilité [159]. C'est ce qui motive nos travaux dans ce domaine.

3.2 Contributions

Dans ce chapitre, je propose des solutions partielles aux problèmes suivants : comment dé-tecter la présence d'une personne dans une image ? Comment estimer sa posture, à partir des contours d'une ou plusieurs images prises au même moment ? Comment estimer son mouve-ment articulé à partir des mouvements de ses contours ?

Le choix des contours est motivé par un souci de généralité, et notamment afin de pouvoir traiter ce que Soatto appelle des *scènes sans features* (scene without features) [255]. En présence de features stables dans le temps, comme des points d'intérêt ou des textures, il est en effet assez facile (en théorie) de se ramener au cas des marqueurs - les features jouant le rôle de *marqueurs virtuels*. Mais dans la majorité des cas, ces features sont soit absents, soit instables, ce qui limite l'utilisation de ces méthodes. Le choix des contours est également justifié *a posteriori* par notre travail sur la détection des humains, au cours de laquelle nous avons pu observer que

FIGURE 3.1: Apprentissage simultané de la pose (à gauche) et des apparences des 15 parties du corps (à droite) pour la détection des humains dans les images [18].

les éléments génériques, stables et discriminants des parties du corps humain sont leurs contours occultants.

3.2.1 Détection des humains et de leur pose

Notre principale contribution a été de mettre en œuvre un modèle statistique pour l'apprentissage simultané des parties du corps et des poses du corps humain dans les images.

Nous avons utilisé dans ce travail une modélisation du corps humain par des "structures picturales" (pictorial structure) [136, 134] qui sont des assemblages de régions de l'image dans lesquelles on peut reconnaître les parties du corps. Ce modèle permet de calculer la probabilité de présence d'un humain dans l'image à partir des probabilités de détection des parties du corps P_i dans 15 régions de l'image l_i ($i \in \{1...15\}$) et d'une probabilité sur la distribution géométrique des régions dans l'image. Le logarithme de cette probabilité peut être écrit sous une forme compacte :

$$L(A) = -\sum_i \log p_i(l_i) - \sum_{(ij)\in E} d_{ij}(l_i, l_j)$$

Contrairement à Felzenszwalb & Huttenlocher, qui modélisent les parties du corps par leurs statistiques de couleurs, nous avons appris à partir d'exemples annotés à la main les 29 distributions $p_i(l_i)$ et $d_{ij}(l_i, l_j)$, en utilisant des fonctions de classification linéaires (SVM) et non-linéaires (RVM). Notre approche est donc une extension de la méthode par *combinaison de*

33

classifieurs de Mohan et al. [203], qui apprennent simultanément des détecteurs primaires pour le torse, la tête et les membres à partir des valeurs de pixels, et un détecteur secondaire pour les humains à partir des valeurs des détecteurs primaires.

Ce type d'approches peut être motivé par l'étude de la perception humaine puisque certaines régions du cerveau seraient spécialisées dans la perception des parties du corps [121, 120].

Nous avons donc mis en œuvre une pyramide permettant de détecter les 15 parties du corps à 8 échelles et 36 orientations différentes $0° \ldots 350°$. En phase d'apprentissage, nous désignons manuellement les positions, orientations et tailles des parties du corps, qui servent d'exemples positifs pour les 15 détecteurs qui sont appris en parallèle. Nous utilisons un simple modèle gaussien pour apprendre la distribution géométrique des détecteurs. En phase de reconnaissance, nous mettons en œuvre un algorithme de Viterbi pour déterminer l'assemblage le plus probable.

En dépit de résultats encourageants obtenus sur une base de piétons (voir notre article cité [18]), cette méthode s'est révélée difficile à généraliser à des bases d'images de plus grande taille, essentiellement pour des raisons de performance. Il serait intéressant de reprendre ce travail en l'intégrant avec un bon détecteur de visages, de façon à limiter l'espace de recherche. Les travaux plus récents de Mikolajczyck et al. [200] et Dalal et al. [110] ont proposé des approches plus efficaces au problème de la détection des humains, au prix de modèles moins flexibles, et donc d'une estimation moins précise de la pose.

3.2.2 Paramétrage du mouvement humain dans les images

Pour la thèse de David Knossow, nous avons travaillé dans le cadre du projet français SE-MOCAP, financé par le Centre National de la Cinématographie (CNC) dont l'objectif était de constituer un répertoire d'actions de haut niveau, réutilisables pour le jeu et l'animation, à partir de prises de vues réelles, sans marqueur et avec une précision de l'ordre du centimètre. Dans ce travail, nous nous sommes inspirés des méthodes multi-vues proposées par exemple par Gavrila et Davis [146] ou Bregler et Malik [96] et nous renvoyons à deux excellents états de l'art récents pour une discussion des très nombreuses autres approches proposées sur ce sujet [137, 202].

La thèse de David Knossow a été l'occasion de développer et valider expérimentalement un tracker basé sur un modèle simplifié du corps humain, utilisant des cônes elliptiques comme primitives. Ce choix présente l'avantage de permettre une bonne estimation des propriétés inertielles du corps, de faciliter le repérage des marqueurs de toutes sortes, et de permettre une bonne prédiction des mouvements apparents des contours, qui sont des segments de droites génératrices, car les cônes sont *développables*.

Nos contributions dans ce domaine sont à la fois théoriques et pratiques. Sur le plan pratique, nous avons construit un système de capture de mouvements sans marqueur utilisé de façon expérimentale par la société Artefacto pour la création d'animations $3D$ [1]. Sur le plan théorique, notre principal résultat a été d'exprimer les vitesses normales des contours apparents (discontinuités de profondeurs) dans les images en fonction des paramètres articulaires du corps humain et de leurs dérivées [5]. Ce résultat généralise pour les contours apparents une approche introduite par Bregler et Malik [96] pour exprimer le flot optique en fonctions de ces mêmes paramètres articulaires par la méthode du produit d'exponentielles.

Pour obtenir ce résultat, nous exprimons le torseur des vitesses dans une chaîne cinématique sous la forme

$$\begin{pmatrix} \Omega \\ V \end{pmatrix} = \mathbf{J}_H \dot{\Phi} \tag{3.1}$$

où $\mathbf{J}_H$ est la matrice jacobienne $6 \times (6 + p)$ du mouvement

$$\mathbf{J}_H = \begin{bmatrix} \omega_x & \omega_y & \omega_z & 0 & 0 & 0 & \omega_1 & \dots & \omega_p \\ 0 & 0 & 0 & e_x & e_y & e_z & \nu_1 & \dots & \nu_p \end{bmatrix} \tag{3.2}$$

et Φ est un vecteur de *coordonnées généralisées* du corps humain (précisé ci-dessous).

Dans le cas d'une surface développable de la forme

$$\boldsymbol{X}(\theta, z) = \boldsymbol{\alpha}(\theta) + z\, \boldsymbol{\beta}(\theta) \tag{3.3}$$

les génératrices des contours apparents sont aussi des génératrices de la surface, correspondant à des valeurs $\hat{\theta}(t)$ qui dépendent des positions relatives de la caméra et de la surface à chaque instant.

Ces génératrices se déplacent (glissent) lorsque la surface de l'objet se déplace, avec une vitesse qui dépend de la position de la caméra et du torseur cinématique de l'objet :

$$\dot{\theta} = \frac{(\mathbf{R}n)^\top \left[[\boldsymbol{C} - \boldsymbol{t}]_\times \quad -\mathbf{I}_{3\times3}\right]}{(\boldsymbol{X} + \mathbf{R}^\top(\boldsymbol{t} - \boldsymbol{C}))^\top n_\theta} \begin{pmatrix} \Omega \\ V \end{pmatrix} \tag{3.4}$$

On combinant ce mouvement de glissement avec le mouvement rigide de l'objet, on obtient

---

1. http ://www.artefacto.fr/semocap/

la vitesse des contours apparents dans l'image sous la forme

$$\dot{x} = \mathbf{J}_I(\mathbf{A} + \mathbf{B}) \begin{pmatrix} \mathbf{\Omega} \\ \mathbf{V} \end{pmatrix} \tag{3.5}$$

ce qui nous donne à chaque instant une relation linéaire entre les vitesses dans l'image et les dérivées angulaires. Le premier terme correspond au déplacement rigide de l'objet et le second terme au glissement du contour sur l'objet. Le principe de notre tracker est alors simplement d'inverser cette relation (au sens des moindres carrés) de façon itérative.

Nous utilisons pour le suivi un modèle anatomique du corps humain, qui est composé de cinq chaînes cinématiques principales, toutes reliées à une même référence placée au centre des hanches. Ces cinq chaînes composent les deux bras, les deux jambes et le buste (formé du tronc et de la tête) pour un total de 26 segments. Chaque segment correspond à une partie du corps (bone) qui possède son propre système de coordonnées. La pose d'un acteur est entièrement décrite par les valeurs indépendantes des 6 degrés de liberté de chaque segment, sous la forme d'un vecteur $\mathbf{\Phi} = [\mathbf{\Lambda}, \mathbf{\Theta}]$ composé des 156 translations et angles de rotation des segments. Nous décomposons ce vecteur $\mathbf{\Phi}$ en deux parties, une partie fixe $\mathbf{\Phi}_1$ qui caractérise les dimensions de l'acteur, et une partie variable $\mathbf{\Phi}_2$ qui caractérise son mouvement. Un changement de variables permet d'exprimer $\mathbf{\Phi}_1$ en fonction de variables réduites $\{\lambda_i\}$ qui caractérisent les dimensions de l'acteur. De même, nous exprimons $\mathbf{\Phi}_2$ en fonction de variables réduites $\{k_i\}$ qui caractérisent son mouvement. Un choix judicieux de ces variables réduites nous permet de prendre en compte des contraintes bio-mécaniques non triviales. Par exemple, les mouvements du torse peuvent être liés entre eux de façon à ce que les rotations de l'abdomen, du tronc et des cervicales soient toutes proportionnelles à une unique variable de rotation globale du torse. Ce travail a été publié en 2008 sous le titre *Human Motion Tracking with a Kinematic Parameterization of Extremal Contours*[5].

3.2.3 Mise en œuvre

Sur la base des résultats précédents, nous avons implémenté pour le projet SEMOCAP un système complet de capture du mouvement sans marqueur destiné à l'animation. Les développements logiciels de ce projet incluent un module de calibrage de caméras, une régie de contrôle, enregistrement et lecture multi-caméra, un module de calibrage des acteurs et un module de capture de mouvement offline. Nous passons ici en revue les principaux éléments de ce système.

Synchronization des caméras. Une synchronisation soigneuse des caméras est importante pour la capture des mouvements rapides, car elle évite le problème de l'interpolation des données dans le temps. Chaque caméra est donc reliée par un câble à un même boîtier de synchronisation qui cadence l'acquisition des images. L'enregistrement des images est distribué sur une grappe de PC, à l'aide de processus clients placés sous le contrôle d'une unique application serveur - la régie vidéo, qui permet de régler et contrôler l'ensemble des paramètres de chaque prise de vue. Cette régie a été développée initialement sous ma direction lors du stage de Master Pro d'Élodie Sannier et Florian Geffray [71]. Elle a fait en 2007 l'objet d'un transfert technologique vers la start-up 4D View Solutions, spin-off de l'équipe PERCEPTION de l'INRIA. Le calcul des mouvements est effectué *offline* à partir des séquences enregistrées, et peut être également distribué en partie aux processus clients. Les temps de traitement n'ont pas été optimisés pour atteindre le temps réel, et prennent quelques secondes par image.

Calibrage des caméras. Pour déterminer les paramètres intrinsèques et extrinsèques de chaque caméra, nous avons adopté une technique consistant à utiliser le mouvement d'un objet de géométrie connue dans le champ des caméras [43]. Cette technique est utilisée par tous les systèmes à base de marqueurs. Par comparaison avec les méthodes plus traditionnelles, qui utilisent des mires, elle présente l'avantage de fournir un grand nombre de mesures qui couvrent l'ensemble du champ des caméras. L'objet utilisé est un bâton sur lequel nous avons disposé 4 lampes blanches. Celles-ci sont alignées et espacées d'une distance connue. Une puissance adaptée et un environnement lumineux permettent d'obtenir des images sur lesquelles les ampoules ont un fort contraste par rapport au reste de l'image. Les points de l'image correspondant aux ampoules sont obtenus par seuillage, extraction de composantes connexes, filtrage selon des critères de taille, de topologie et de conservation de l'alignement et du bi-rapport. Après l'extraction des marqueurs, on réalise un calcul d'ajustement de faisceaux (bundle adjustment). Cette procédure a été entièrement automatisée pour le projet SEMOCAP et utilisée pour toutes les prises de vues multi-caméras des équipes MOVI et PERCEPTION entre 2005 et 2007. Elle a fait en 2007 l'objet d'un transfert technologique vers la start-up 4D View Solutions, spin-off de l'équipe PERCEPTION de l'INRIA.

Calibrage des modèles anatomiques. La première étape d'une capture de mouvement consiste à régler les paramètres de dimension de l'acteur. Nous avons résolu ce problème par une méthode semi-automatique qui nécessite de désigner les points des principales articulations dans au moins deux images de la séquence [72]. Les positions 3D des points d'articulation sont obtenues en minimisant la somme de leur distances aux rayons optiques issus des points cliqués dans les différentes caméras. Les translations (constantes) entre articulations sont exprimées en fonction de variables réduites, qui imposent une symétrie parfaite du corps humain. Nous obtenons les variables de mouvement et de dimension à partir des images annotées, à l'aide de la technique d'ajustement de faisceaux utilisée aussi pour calibrer les caméras.

Analyse du mouvement. Lorsque les dimensions de l'acteur sont adaptées, le suivi consiste à minimiser à chaque instant une fonction de distance entre les contours observés dans les images et les contours projetés du modèle. Chaque contour observé dans une caméra donne une série de mesures équivalentes à la donnée des 2 paramètres d'une droite dans le plan de l'image. Les 6 paramètres de position et d'orientation du segment peuvent donc être déterminés en théorie à partir de 3 contours. Selon les cas, ces 3 contours peuvent provenir de 2 ou 3 caméras différentes. En pratique, nous multiplions les observations, et cherchons une solution aux moindres carrés sur l'ensemble des caméras où le contour est visible, en éliminant les contours ambigus.

3.3 Evaluation et perspectives

Nous avons évalué notre méthode de capture de mouvement sur une série de prises de vues utilisant un système VICON avec marqueurs et notre système sans marqueur, dont les résultats sont reproduits dans la Figure 3.3. Les défauts les plus évidents concernent les mains, les pieds et la tête, qui nécessiteraient des modèles géométriques mieux adaptés. En revanche, les bras et les jambes sont correctement et précisément suivis. Pour mesurer la précision, nous avons calibré les deux systèmes (avec et sans marqueur) et calculé les trajectoires des marqueurs prédites par notre système. Nous obtenons une erreur moyenne de 5 cm, qui s'explique par de mauvaises estimations des rotations propres des segments. Ces erreurs ont été corrigées pour l'animation à l'aide des techniques développées par Multon et Kulpa [184, 207], ce qui nous a permis d'obtenir une excellente évaluation qualitative pour cette application.

Une autre approche intéressante pour le suivi de structures articulées, initialement proposée en 2002 par Drummond et Cipolla [122], a été étendue récemment pour le cas des contours apparents. Rosten et Drummond [229] décrivent pour cela une méthode permettant le calcul des contours apparents d'une surface implicite et leur utilisation pendant le suivi. Les auteurs négligent les termes de glissement puisque ceux-ci sont portés par les rayons optiques. Nous avons pour notre part trouvé que ces termes apportent une contribution faible mais non négligeable aux vitesses des contours apparents. Cette différence s'explique par le fait que la projection perspective d'une vitesse composée de deux termes n'est pas égale à la somme des vitesses projetées des deux termes. Bien qu'elle ne soit pas essentielle au suivi, la correction apportée par les termes de glissement permet une estimation plus précise et robuste des trajectoires angulaires en moyenne, au prix de calculs supplémentaires qui sont compensés par une convergence plus rapide à chaque pas de temps.

FIGURE 3.2: Comparaison qualitative entre les mouvements reconstruits par notre système SE-MOCAP sans marqueur (colonnes 1 à 5) et par un système VICON avec marqueurs (colonne 6). Les caméras des deux systèmes ont été calibrés séparément, puis alignés géométriquement en post-production.

3.3.1 Capture de mouvements à partir de films

Nous n'avons pas abordé dans ce chapitre le problème délicat de la capture de mouvements à partir de films [161, 226]. Le système de capture de mouvement de ce chapitre est basé sur les discontinuités de profondeur, et pourrait donc facilement être adapté à des caméras *time of flight* (ZCams) [2] ou à des films stéréoscopiques, mais pas facilement à des films monoculaires.

Pour effectuer la capture des mouvements d'un acteur dans un film monoculaire, il nous faudrait combiner les deux approches présentées dans ce chapitre, en particulier pour apprendre au cours du suivi des **modèles d'apparence** des parties du corps de l'acteur, de type *pictorial structures*, qui permettraient de rendre le suivi plus robuste au cours du temps. Cela généraliserait notre approche du suivi, dont le modèle d'apparence est actuellement limité à un modèle simpliste de *ruban* composé de deux contours apparent par partie du corps.

Il serait également utile et naturel de poursuivre ce travail pour apprendre des **modèles d'activité** qui permettrait d'adapter les paramètres de contrôle de notre modèle articulé aux actions en cours, sous la forme de variables de contrôle moteur des articulations. En modélisant ainsi le comportement temporel des acteurs, nous pourrions ainsi simultanément reconnaître leurs actions et capturer leurs mouvements.

3.3.2 Des mouvements aux actions

Une direction possible de recherche future consisterait à utiliser la détection ou le suivi des parties du corps d'un acteur, pour reconnaître ses actions. Nous pouvons imaginer deux approches de cette question. La première, c'est de nous placer dans des conditions favorables pour la détection des discontinuités de profondeurs, qui apportent une information précieuse et fiable aussi bien pour la détection que pour le suivi - par exemple, en utilisant des prises de vues stéréoscopiques ou caméras *time-of-flight*. Dans ces conditions, on peut imaginer de classer les actions corporelles en observant les mouvements synchronisés de la tête, des bras et des jambes, par exemple avec des modèles markoviens opérant en parallèle, soit de façon couplée comme Brand [95], soit même de façon indépendante comme Ikizler et Forsyth [166].

Une seconde approche consisterait à apprendre, par des méthodes statistiques, des modèles de suivi spécialisés pour chaque action. En partant d'un algorithme de détection ou de suivi générique, tel que celui présenté dans ce chapitre, l'apprentissage consisterait à lui adjoindre des paramètres de "dynamique", spécialisés pour chaque classe d'actions, à partir d'exemples annotés. En phase de reconnaissance, ces trackers spécialisés pourraient être exécutés en parallèle,

---

2. on peut se reporter aux actes du Workshop On Time of Flight Camera based Computer Vision associé à CVPR en 2008.

en votant pour les actions correspondantes, selon une approche proposée par exemple par Green et Guang [153]. Des approches de ce type permettraient en outre d'apprendre en même temps le jeu des acteurs, puisque le jeu d'acteur est un "style" associé à un "contenu" qui est l'action exécutée. Kipp et al. présentent un exemple convaincant d'imitation du jeu des acteurs à partir de films [179, 210] mais leur approche nécessite un travail d'annotation important (90 minutes d'annotation par minute de film). Un système de capture de mouvements sans marqueur qui permettrait de reconstituer des informations complémentaires pertinentes, comme les contact des mains avec d'autres éléments de la scène, avec les autres parties du corps, les appuis, etc. semble une voie prometteuse pour aborder cette question difficile.

CHAPITRE 4

Reconnaissance d'Actions

Le problème que nous abordons dans ce chapitre est celui de la reconnaissance des actions d'un acteur filmé par une ou plusieurs caméras. Ceci a de nombreuses applications, dont celle qui nous intéresse au premier plan est l'analyse de films. Nous faisons un rapide tour d'horizon des problématiques de ce domaine en plein essor. Puis nous décrivons en détails deux méthodes que nous avons proposées au cours de la thèse de Daniel Weinland. La figure 4.1 ci-contre illustre ces deux méthodes. La première méthode est une méthode discriminative, qui utilise des *prototypes* spatio-temporels pour reconnaître les actions. La seconde est une méthode générative, qui utilise des *exemplaires* de poses caractéristiques des actions, représentées par leurs silhouettes.

4.1 Problématiques

Qu'est-ce qu'une action ? Lorsqu'on lit les articles publiés depuis une vingtaine d'année sur la reconnaissance visuelle des actions, on s'aperçoit qu'il existe très peu de consensus sur leur définition. Dans notre travail, nous nous référons volontiers à la thèse de Claudio Pinhanez, pour qui une action est une séquence de mouvements du corps, effectués par un acteur dans un certain contexte ("action is a discrete unit of behavior that involves a movement in a given context"), ce qu'il résume par l'équation "action = movement + context" [221, 89, 167].

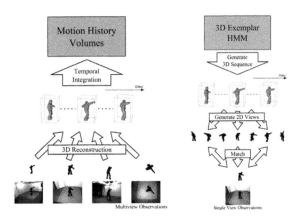

FIGURE 4.1: Deux méthodes développés par Daniel Weinland pour la reconnaissance d'actions en environnement multi-caméras. A gauche : Méthode discriminative basée sur des *prototypes* spatio-temporels (MHV). A droite : Méthode générative (HMM) basée sur des exemplaires (silhouettes).

Cette définition a l'avantage de mettre en évidence les rôles importants, et presque symétriques, du mouvement et du contexte dans la reconnaissance des actions. Ainsi, pour reconnaître deux actions comme taper à la machine et jouer du piano, le contexte joue un rôle important, puisque les mouvements des doigts sont à peu près les mêmes. La reconnaissance d'une action nécessite donc deux compétences complémentaires - comprendre le contexte et comprendre le mouvement. Dans le domaine de la vision par ordinateur, cette distinction est fréquemment ignorée. Ainsi, Chellappa et ses collègues préfèrent réserver le terme d'action à un mouvement non interprété (remuer les doigts), et parlent d'*activité* pour un mouvement interprété dans un contexte plus particulier. Les actions deviennent de simples séquences de mouvements, et les activités sont des séquences d'actions effectuées dans un même but.

Une autre difficulté lorsqu'il s'agit de définir ce qu'est une action, c'est le phénomène, bien connu des linguistes et des sémanticiens, de la multi-granularité temporelle des verbes d'action. Ainsi, l'action de prendre un verre sur une table peut être décomposée en sous-actions - approcher la main du verre, prendre le verre dans la main, soulever le verre, etc. Chaque sous-action est une action à part entière. Et l'action de prendre le verre est elle-même une sous-action de l'action de débarrasser la table, ou de prendre un repas, etc. Si la question posée est "que fait cette personne ?" on voit que la réponse est nécessairement multiple et complexe.

Il est très difficile aujourd'hui d'aborder le problème de la reconnaissance des actions dans toute sa diversité. Ainsi, un grand nombre d'actions nécessitent la reconnaissance des objets manipulés par ces actions, leurs attributs, leurs états, et les événements (changements) qui les affectent, comme le soulignent Miller et Johnson-Laird [201]. Une façon de résoudre (ou d'ignorer) ces problèmes consiste à définir simplement une action comme une forme (pattern) à quatre dimensions dans l'espace-temps [212]. La reconnaissance d'actions dans les images doit alors résoudre simultanément les deux problèmes liés suivants - reconnaître la classe de l'action $4D$ parmi N modèles connus (par apprentissage) et déterminer à chaque instant le point de vue adopté par la caméra pour projeter cette action dans l'image.

Nous avons suivi cette approche, qui a le mérite de clarifier la définition des actions sans en restreindre le vocabulaire. La seule restriction que nous imposons, c'est que les actions doivent être exécutées à partir d'une simple instruction. Ce choix a pour conséquence avantageuse que les actions que nous analysons sont toujours des *unités de comportement* au sens de Newtson [213], c'est à dire des unités discrètes, avec un support temporel qui définit le début et la fin de l'action, et un support spatial qui définit leur localisation.

4.1.1 Invariance aux acteurs

Une première difficulté à résoudre est de faire une reconnaissance invariante vis-à-vis des acteurs. Les différences entre acteurs se traduisent par des différences physiques (la corpulence et les proportions du corps changent d'un acteur à l'autre) et de comportement (différents acteurs exécutent différemment la même action).

Les différences physiques sont naturellement prises en compte dans des approches capables de reconstruire des modèles du corps humain. Mais nous avons vu au chapitre précédent la difficulté de cette étape. Les styles d'exécution introduisent des variations importantes dans la présentation temporelle des actions, ce qui motive des approches basées sur des grammaires ou des représentation non structurées. Mais on perd alors beaucoup d'information. Nous verrons plus loin comment nous avons abordé ces questions.

4.1.2 Invariance aux points de vues

Une seconde difficulté à résoudre est de faire une reconnaissance invariante vis-à-vis des positions relatives entre les acteurs et les caméras. Ce problème a été relativement peu étudié jusqu'à ces dernières années, et se trouve au centre du travail que nous avons proposé avec Daniel Weinland et Edmond Boyer. L'invariance au point de vue peut être obtenue par une étape de **normalisation**, qui détermine l'orientation des acteurs dans l'image ou dans l'espace, par exemple en utilisant la direction de leur déplacement ou de leur regard. Les observations peuvent alors être transformées dans une orientation de référence pour les phases d'apprentissage ou de reconnaissance. Une seconde approche consiste à extraire des **représentations invariantes** par rotation [98, 85] pour reconnaître les actions sans estimation préalable de la pose. Nous présentons une méthode de ce type dans ce chapitre. Une troisième approche consiste à apprendre des modèles de toutes les actions dans toutes les orientations possibles, de façon à estimer simultanément la pose et l'action, par une **recherche exhaustive**.

4.1.3 Segmentation et détection

Une troisième difficulté à résoudre est de localiser les actions dans l'espace et dans le temps. Selon les approches utilisées pour la reconnaissance, la segmentation temporelle d'une séquence d'images en une séquence d'actions peut être obtenue de différentes façons. Une première approche consiste à chercher les frontières (boundaries) entre actions successives, avant de procéder à leur reconnaissance. Ainsi, par exemple, Marr et Vaina [197] proposent de segmenter aux *minima de la quantité de mouvement*. Nous avons utilisé cette approche avec succès pour segmenter les actions en $3D$. Mais cette approche se généralise mal en $2D$ car la segmentation obtenue dépend alors du point de vue. Une autre approche consiste à effectuer la reconnaissance des actions apprises dans une fenêtre temporelle glissante, et à segmenter les résultats de reconnaissance. Une troisième approche, spécifique aux méthodes qui utilisent des grammaires markoviennes, permet d'obtenir simultanément la reconnaissance et la segmentation des actions par programmation dynamique. Nous avons utilisé cette approche pour segmenter les actions en $2D$.

4.2 État de l'art

La reconnaissance d'actions donne lieu à une grande diversité d'approches, que l'on peut tenter de classer selon la façon dont elles représentent la structure **spatiale** et la structure **temporelle** des actions. Dans tous les domaines d'applications, qu'il s'agisse des actions du visage, des mains ou du corps, on retrouve cette double structuration.

On peut principalement distinguer trois grandes approches temporelles - les *templates*, qui modélisent les actions comme des blocs d'espace-temps ; les *grammaires*, qui décomposent les actions en séquences d'états ; et les *sacs de mots* (bag-of-words) qui ignorent la dimension temporelle des actions.

On peut distinguer également trois grandes approches spatiales - celles qui modélisent explicitement les *postures* du corps humain, c'est-à-dire les positions et orientations relatives des parties du corps ; celles qui modélisent globalement les *images* du corps humain à l'aide de descripteurs holistiques ; et celles qui calculent des *features* épars, localisés par exemple sur des points d'intérêt de l'image, qui ignorent la dimension spatiale des actions.

Notons que les approches par features épars peuvent être basées sur l'extraction de *points d'intérêt spatio-temporels* [185] qu'il ne faut pas confondre avec des *templates* spatio-temporels. Dans le premier cas, on fait une analyse locale pour extraire des *événements spatio-temporels* épars, et on cherche à caractériser les actions en fonction de ces événements. Dans le second cas, c'est toute l'action elle-même qui est considérée comme un bloc d'espace-temps qu'il s'agit de reconnaître globalement.

Le croisement de ces deux critères nous permet de classer les nombreuses approches de reconnaissance d'actions en 9 grandes catégories, dont il nous parait utile de citer les principales caractéristiques.

4.2.1 Templates d'actions.

Les méthodes de templates consistent à représenter les actions comme des formes spatio-temporelles. Ces méthodes n'ont pas la flexibilité, ni la richesse expressive, des grammaires, mais présentent de bonnes qualités pour les tâches de reconnaissance d'actions.

Templates de postures. Comme exemple de templates utilisant des modèles anatomiques, on peut citer Gavrila et Davis [146] qui réalisent simultanément la capture et la reconnaissance ; Yacoob et Black [253] ; Ben-Arie et al. qui composent une grande base de mouvements indexés[86] ; Rao[224], Gritai et al.[154], qui étudient plus particulièrement l'invariance des templates aux proportions des acteurs ; Yilmaz et al.[256] ou Shen et al. [235], qui étudient plus particulièrement l'invariance aux points de vues.

Templates d'images. Dans ces approches, les actions sont des formes $3D$ dans l'image et le temps, ou $4D$ dans l'espace et le temps. Elles ont été introduites et popularisées par Bobick et Davis [88, 87, 90] et font actuellement l'objet de nombreuses propositions, par exemple Kim et Cipolla[178], basé sur l'analyse canonique ; Laptev et Perez[187], pour la reconnaissance d'actions dans les films de cinéma ; Fathi et Mori[132] ; et surtout Farhadi et al. [131], Junejo et al. [171] et Souvenir et Parrigan[242], pour la reconnaissance à partir de plusieurs points de vues, sur notre base IXMAS. Nous avons également choisi cette approche pour reconnaître les actions en $3D$ à partir d'observations multi-vues [4, 24].

Templates de features Ces méthodes représentent les actions par les changements temporels observés dans une distribution de features épars, sans structure spatiale, ce qui permet de définir

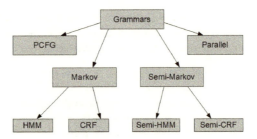

FIGURE 4.2: Quelques grande classes de grammaires probabilistes utilisées en reconnaissance d'actions.

des templates même en présence d'occultation et d'observations partielles. Laptev [185] et Ke [175] en démontrent l'utilité sur des exemples de vidéos réelles et difficiles.

4.2.2 Grammaires d'actions

Les grammaires d'actions sont des méthodes qui représentent les différentes étapes de l'action sous la forme d'états et de transitions entre ces états. Un grand nombre d'approches ont été proposées, dont nous avons représenté les plus représentatives dans la Figure 4.2. Il est surtout intéressant de classer ces méthodes en fonction de la structure spatiale des observations qu'elles utilisent, qui peuvent être des postures, des images ou des features épars.

Grammaires de postures. Dans cette classe de méthodes, les actions sont représentées par des grammaires dont les éléments terminaux sont les postures d'un modèle anatomique du corps humain. Ces méthodes présentent des variantes importantes. Ramanan et Forsyth ont abordé le problème de la classification automatique d'actions à partir de captures de mouvements [223]. Guerra-Filho et Aloimonos proposent un formalisme original de grammaires parallèles qu'ils illustrent avec un vocabulaire d'actions très étendu [155]. Green et Guang effectuent simultanément la capture de mouvements et leur classification, à l'aide de modèles de Markov cachés exécutés en parallèle [153]. Dans une approche similaire, Nguyen et al. utilisent des modèles de Markov hiérarchiques [214]. Kitani aborde le difficile problème de l'apprentissage de la structure des grammaires d'actions, et recourt pour cela à un principe de description de longueur minimale [181]. Lv et Nevatia combinent une détection de poses significatives, et une reconnaissance des actions à l'aide de HMMs [193]. Wang et al. proposent une méthode non-supervisée [248]. Ikizler et Forsyth modélisent séparément les mouvements des jambes et des bras à l'aide de HMMs menus d'un petit vocabulaires d'actions primitives qu'ils composent spatialement et temporellement [165].

Grammaires d'images. Une seconde approche consiste à apprendre des grammaires dont les symboles sont des observations globales du corps humain, comme la forme de leurs silhouettes ou de leurs contours. Par exemple, Shi, Wang, Cheng et Smola apprennent un modèle semi-markovien des actions selon une approche discriminative (conditional random field) qui est basée sur un descripteur de forme globale (shape context) et sur la distribution de descripteurs SIFT dans les images de la séquence [236]. Elgammal et al. apprennent la dynamique des gestes à l'aide de modèles HMM dont les observations sont des exemplaires de silhouettes [126]. On peut citer également Ogale[219], Lv[192], Turaga[245], Natarajan[209], qui étudient l'invariance de ces méthodes vis-à-vis des acteurs et des points de vue, et Vitaladevuni[247], qui modélisent les actions par composition de primitives "ballistiques". Nous avons également choisi une approche de grammaire d'images pour reconnaître des actions apprises en $3D$ et en faire la reconnaissance en $2D$ [27].

Grammaires de features. Une troisième approche possible consisterait à apprendre des grammaires dont les symboles sont des distributions de "features" épars, sans structure spatiale, comme les descripteurs SIFT de Shi et al. *sans aucun modèle global*. A notre connaissance, cette approche n'a jamais été proposée, bien qu'elle permette en principe d'appliquer les grammaires au cas d'observations incomplètes (par exemple en plan rapproché ou en présence d'occultation).

4.2.3 Sacs d'actions

Nous appelons *sacs d'actions* les méthodes qui représentent les actions par des sacs de mots. Ces méthodes représentent une action sans prendre en compte leur déroulement temporel. Elles sont toutes basées sur l'idée de "moments" ou "événements" qui sont caractéristiques de chaque action et permettent de la reconnaître par simple accumulation (histogramme). Ces méthodes sont donc purement discriminantes. Elles ne répondent pas au problème de la segmentation temporelle, mais sont particulièrement intéressantes dans le cas d'images fixes, ou d'observations incomplètes de brefs moments de l'action.

Sacs de keyframes De nombreuses méthodes ont été proposées pour reconnaître les actions à partir de sacs de key-frames et autres représentations globales du corps humain. Par exemple, Carlsson et Sullivan utilisent des poses caractéristiques en terme de "shape contexts" [99]. Efros et al. reconnaissent les actions de joueurs de football à partir de la distribution de leurs flots optiques [125]. Weinland et Boyer reconnaissent les actions de la base KTH par simple comparaison entre les silhouettes de quelques images-clés et celles d'exemplaires appris à partir d'exemples [251].

En dépit de leur simplicité, ces méthodes présentent en général d'excellents résultats, au moins dans les cas les plus simples. Ainsi, Schindler et Van Gool posent la question du nombre d'images nécessaires à la reconnaissance d'une action donnée [233], ce qui pourrait servir de critère pour une classification systématique des actions. Cependant, on peut anticiper que la reconnaissance sur une seule image ne peut être qu'un indice, qui pourrait être confirmé par un système de reconnaissance de canevas, par exemple.

Sacs d'événements De nombreuses méthodes ont été proposées pour reconnaître les actions à partir de "sacs" d'événements spatio-temporels épars, sans aucune référence corporelle. Ces méthodes ne reconstituent aucune structure spatiale ou temporelle à long terme. Elles sont donc en parfaite opposition avec les grammaires de postures, qui reconstituent la structure spatiale et temporelle des mouvements humains.

Schuldt, Laptev et Caputo ont été les pionniers de cette approche [234], suivis par Boiman et al. [92], Dollar [116], Niebles et al. [215, 216], Ikizler et Forysth [163], Klaser et al [182], Laptev et al [186].

Sacs de postures A notre connaissance, la seule méthode qui implémente des "sacs" de postures du corps humain est due à Ikizler et Duygulu [164], qui calculent des histogrammes de rectangles orientés, du type de ceux que nous obtenions au chapitre précédent pour la détection des humains. C'est aussi une approche prometteuse (et peu explorée) pour le problème de la reconnaissance d'actions à partir de capture de mouvements.

4.3 Contributions

Au cours de la thèse de Daniel Weinland, nous avons élaboré une série d'explorations des actions d'un acteur seul enregistré par plusieurs caméras, qui a donné lieu à plusieurs contributions importantes.

4.3.1 Bases d'apprentissage et de test

La quasi-totalité des travaux en reconnaissance visuelle d'actions est basé sur les méthodes d'apprentissage statistique, à partir d'exemples. Mais comment constituer les bases d'exemples nécessaires ? C'est en réalité un problème difficile, et les bases disponibles [1] sont souvent insuffisantes.

Nous avons opté pour des données 3D reconstruites à partir de prises de vues réelles. Nous avons pour cela constitué la base IXMAS de l'INRIA [2] qui contient 11 actions de la vie cou-

---

1. http ://www.eecs.berkeley.edu/Research/Projects/CS/vision/action/
2. http ://4drepository.inrialpes.fr/dataset.php ?dspath=inria/ixmas

rante, exécutées 3 fois chacune par 11 acteurs amateurs, et filmées par 5 cameras calibrées et synchronisées. Ces actions sont représentées dans la Figure 4.3 et les différents acteurs sont représentés dans la Figure 4.4. Nous avons utilisé cette base pour apprendre et tester l'ensemble des méthodes décrites dans ce chapître.

Pour constituter cette base, nous avons fait appel à des étudiants de notre laboratoire, et leur avons demandé de jouer le rôle d'acteurs. Ceci nous a permis d'obtenir une définition opérationnelle des actions que nous apprenons. *Une action est pour nous une séquence de mouvements exécutée par un acteur lorsqu'on lui donne une certaine instruction.* Les termes utilisé pour chaque instruction constituent donc, de façon constructive et expérimentale, autant de classes d'actions, qui sont définies *en extension* par l'ensemble des exécutions possibles.

Les dix acteurs exécutent chaque action trois fois. Les angles de prise de vues sont illustrés par la figure 4.5. Dans chaque point de vue, les silhouettes sont extraites par soustraction de fond. La reconstruction est effectuée par une technique de voxel carving, en coordonnées cylindriques, avec une résolution de $64 \times 64 \times 64$. Nous obtenons de cette façon une base d'enregistrements cinématographiques tridimensionnels de mouvements réels.

4.3.2 Volumes d'histoire du mouvement (MHV)

Dans une première partie de notre travail, notre but a été de calculer des descripteurs du mouvement permettant de reconnaître les actions de la base IXMAS, de façon indépendante du point de vue et de la personne qui exécute l'action, dans une représentation volumique 3D. Ce travail a été publié sous le titre *Free Viewpoint Action Recognition using Motion History Volumes* [22, 24].

Nous avons adapté pour cela la technique des "images d'histoire du mouvement" (motion history images) proposées par Bobick et Davis [88, 87, 90] sous la forme de "volumes d'histoire du mouvement" (motion history volumes). Il s'agit d'une approche de type "template", dont Bobick et Davis ont donné deux versions. La première est basée sur l'estimation d'un masque $D(x, y, t)$ qui indique simplement la présence ou l'absence de mouvement. Ces valeurs sont accumulées pendant une durée de τ images pour composer une nouvelle image dont les valeurs $h(x, y, t)$ valent τ si le pixel est en mouvement à l'instant t et $h(x, y, t-1)$ s'il est en repos. Intuitivement, $h(x, y, t)$ représente donc la trace du mouvement, avec une mémoire de τ images. Une seconde version proposée par Bobick et Davis remplace la fonction $D(x, y, t)$ par le masque binaire des silhouettes extraites du premier plan de l'image, par soustraction de fond. C'est celle que nous avons adoptée.

Bobick et Davis ont démontré l'intérêt des images MHI sur des tâches de reconnaissance d'actions avec une faible résolution spatiale et une profondeur temporelle de quelques secondes.

FIGURE 4.3: Les 11 actions de notre base IXMAS : check watch (actor brings his arm up and turns his wrist towards his eyes) ; cross arms ; scratch head ; sit down ; get up ; turn around ; walk ; wave hand (actor waves his hand, as to say "good bye") ; punch (actor suddenly stretches one arm, as in a fight with an imaginary opponent) ; kick (actor suddenly stretches one leg, as in a fight with an imaginary opponent) ; and pick-up (actor picks up an imaginary object from the floor and holds it in his arms).

FIGURE 4.4: Exécution de l'action "kick" par dix acteurs différents.

FIGURE 4.5: Angles de prise de vues des 5 caméras utilisées pour construire la base IXMAS.

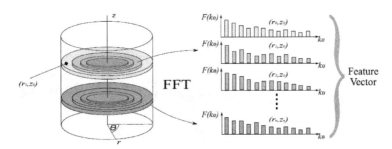

FIGURE 4.6: Extraction de descripteurs de mouvement invariants autour de l'axe vertical de l'acteur. Pour chaque valeur de r et z, nous calculons les coefficients de Fourier de la fonction $h(r, \theta, z, t)$.

Leur approche est évidemment avantageuse du point de vue du calcul, puisqu'elle évite la détection et le suivi des parties du corps, dont nous avons souligné les difficultés au chapitre précédent. Cependant, leur approche n'est invariante que par rapport aux dimensions de l'image MHI et aux rotations dans le plan de l'image.

Nous avons adapté cette technique aux volumes reconstruits à chaque pas de temps. Afin d'obtenir une représentation invariante au point de vue, nous calculons la trace $h(r, \theta, z, t)$ du volume occupé par l'acteur jusqu'au temps t dans une représentation cylindrique autour d'un axe vertical partant du centre de gravité de l'acteur. Cette représentation permet d'isoler l'angle de "profil" θ de l'acteur, auquel nous voulons être invariant. Pour chaque valeur de r et de z, nous calculons les coefficients de Fourier de la fonction h, qui constitue notre descripteur du mouvement au temps t, comme l'illustre la figure 4.6 ci-contre.

Pour une grille cylindrique de taille $64 \times 64 \times 64$, nous obtenons un vecteur dont nous réduisons la dimension par analyse en composante principale (PCA) ou par analyse linéaire discriminante (LDA). Dans le premier cas, nous obtenons 296 composantes principales. Dans le second cas, nous obtenons 10 composantes discriminantes. Dans les deux cas, nous calculons la moyenne de chaque action en utilisant 9 des 10 acteurs de la base, et nous classons les actions du dernier acteur par rapport au plus proche voisin. Les résultats obtenus sont présentés dans la Table 4.1.

Sur cette tâche simple de classification supervisée, nous voyons que les descripteurs proposés sont performants. Dans une deuxième étape, nous les avons testés sur des tâches plus difficiles - segmentation et classification non-supervisée.

Action	PCA (%)	Mahalanobis (%)	LDA(%)
Check watch	46.66	86.66	83.33
Cross arms	83.33	100.00	100.00
Scratch head	46.66	93.33	93.33
Sit down	93.33	93.33	93.33
Get up	83.33	93.33	90.00
Turn around	93.33	96.66	96.66
Walk	100.00	100.00	100.00
Wave hand	53.33	80.00	90.00
Punch	53.33	96.66	93.33
Kick	83.33	96.66	93.33
Pick up	66.66	90.00	83.33
Average rate	73.03	93.33	92.42

TABLE **4.1:** Résultats de classification 3D dans la base IXMAS. Première colonne : plus proche voisin dans l'espace des composantes principales. Colonne du milieu : distance de Mahalanobis dans l'espace des composantes principales. Colonne de droite : analyse discriminante linéaire.

4.3.3 Segmentation des actions

Dans une approche par templates comme celle que nous avons choisie, la segmentation des actions est une étape importante, puisque les descripteurs sont calculés séparément sur chaque segment. En particulier, la segmentation doit être stable par rapport aux changements d'acteurs, de styles et de points de vue. Autrement dit, plusieurs exemples d'une même action doivent être segmentés de la même façon. En effet, des variations trop importantes dans cette étape de segmentation seraient mieux représentées par des grammaires, dont les états correspondraient aux segments trouvés, ou même des sacs d'événements épars.

Nous avons suivi les intuitions de Marr et Vaina [197], qui relient les frontières entre les actions aux minima de la quantité globale de mouvement, qui correspondent en général à des changement de direction. Dans notre représentation en volume, il est aisé de calculer le mouvement global des acteurs, et d'en détecter les minima. Notons que les minima des mouvements observés dans les images dépendent du point de vue. Mais dans une représentation $3D$, ce critère est à la fois naturel, stable et efficace. Nous l'avons utilisé systématiquement dans toutes nos expériences, aussi bien en phase d'apprentissage que de reconnaissance. Nous avons alors observé que les actions de notre base IXMAS pouvaient être découpées en quelques segments par action, et que cette décomposition était relativement stable d'un exemple à l'autre.

Nous avons utilisé les segments ainsi obtenus pour apprendre un vocabulaire d'actions primitives, par classification non supervisée, dont quelques exemples sont donnés dans la Figure

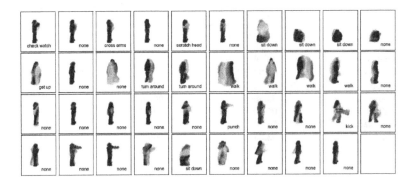

FIGURE 4.7: Segmentation et classification en ligne par la méthode des MHVs.

4.7. Les segments ainsi obtenus (par classification agglomérative) correspondent bien à des mouvements identifiables. Ce travail a été publié sous le titre *Automatic Discovery of Action Taxonomies from Multiple Views* à CVPR en 2006 [24].

4.3.4 Modèles de Markov et exemplaires

Dans une deuxième phase de notre travail, nous nous sommes posés la questions de reproduire les bons résultats obtenus avec les MHVs, tant en classification qu'en segmentation, dans le cas d'observations réalisées avec une seule caméra. Ce travail a été publié sous le titre *Action Recognition from Arbitrary Views using 3D Exemplars* à ICCV en 2007 [27].

Fort des résultats précédents, nous avons voulu exploiter l'idée de chercher un petit vocabulaire de primitives, dont toutes les actions de notre base seraient obtenues par composition. Plutôt que de projeter les MHVs dans les images (nous y reviendrons à la fin de ce chapitre), nous avons choisi les silhouettes, représentatives des postures de nos acteurs, comme primitives. Et nous avons choisi de représenter les actions de notre base par des modèles de Markov *semi-continus* avec des dynamiques caractéristiques, mais un vocabulaire commun, constitué d'un sous-ensemble des silhouettes observées pendant l'apprentissage.

Le modèle que nous avons proposé introduit plusieurs innovations intéressantes. D'une part, nous utilisons des exemplaires (observés dans la base d'apprentissage) et non des prototypes (calculés à partir des observations). A la différence des prototypes, les exemplaires peuvent être aisément projetés dans les images et comparés avec des observations monoculaires. C'est ce

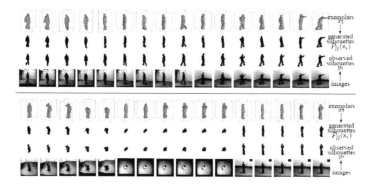

FIGURE 4.8: Interprétation d'une séquence d'images comme séquence d'exemplaires reconnue par une grammaire HMM. Haut : les actions *walk in cycle* et *punch*. Bas : les actions *pick up*, *cross arms*, and *scratch head*), observées selon plusieurs points de vue, selon une orientation inconnue. Pour chaque action, nous représentons les exemplaires x_t et les orientations $P_{\vec{H}}(x_i)$, trouvés par notre algorithme de décodage (Viterbi). Toutes les grammaires d'action utilisent la même base d'exemplaires.

qui nous permet de reconnaître les actions à partir d'un nouveau point de vue. D'autre part, nous sélectionnons les exemplaires les plus discriminants, à l'aide d'une technique de sélection par "wrappers" déjà utilisée par Elgammal et al. [126]. Enfin et surtout, nous représentons pour chaque action les effets combinés du point de vue de la caméra et du mouvement de l'acteur, afin de construire les statistiques des transitions entre les silhouettes.

Notre modèle est donc une extension à la fois des modèles d'exemplaires proposés par Frey et Jojic [141, 169, 142] qui intègrent des transformations d'images tandis que nous introduisons des transformation perspectives ; et des modèles d'exemplaires proposés par Toyama et Blake [244] qui apprennent des modèles métriques (et non-euclidiens) des distances entre silhouettes.

La façon dont nous apprenons les exemplaires est originale, puisqu'elle consiste à choisir parmi les enveloppes visuelles $3D$ de toutes les séquences d'apprentissage, celles dont les projections (silhouettes) discriminent *au mieux* les actions et les points de vue. Nous passons donc par une étape de synthèse (reconstruction $3D$ des enveloppes visuelles) mais seulement en phase d'apprentissage. Cette phase d'apprentissage est d'ailleurs assez délicate à mettre en place, et se fait au prix de calculs assez lourds, qui sont décrits en détails dans la thèse de Daniel Weinland [60].

La phase de reconnaissance à partir d'une seule caméra est basée sur une estimation grossière de la position de l'acteur dans chaque image, et du contour extérieur de sa silhouette. Avec des hypothèses minimales sur la géométrie de la scène, nous estimons également l'axe de symétrie vertical de l'acteur dans chaque image. A partir de ces données, calculées sur une séquence entière, chaque grammaire d'action calcule une probabilité *a posteriori* et une segmentation optimale, donnant les changements d'états (début, milieu et fin de l'action) et de points de vues (autour de l'axe de l'acteur) au cours de la séquence. Les résultats obtenus sont présentés dans la Figure 4.8.

4.3.5 Evaluation des résultats

Nous avons évalué les performances de notre méthode de la façon suivante. En utilisant 9 des acteurs de la base, nous calculons les exemplaires et la dynamique des 11 actions, puis nous évaluons les taux de reconnaissance moyens obtenus caméra par caméra pour le 10ème acteur restant. C'est une tâche difficile puisqu'elle teste à la fois l'invariance aux acteurs et aux points de vue (chaque action est répétée selon trois orientations différentes). Les résultats obtenus sont présentés dans la Table 4.2.

Caméra 1	Caméra 2	Caméra 3	Caméra 4	Caméra 5
65.4 %	70.0 %	54.3 %	66.0 %	33.6 %

TABLE 4.2: Taux de reconnaissance moyen, par caméra, des actions de la base IXMAS par une grammaire HMM à base d'exemplaires appris en 3D.

Ces résultats sont très satisfaisants pour les caméras 1, 2 et 4 et moins bons pour les caméras 3 et 5 (la caméra 5 est en plongée extrême). On peut se reporter à la Figure 4.5 qui montre les différentes caméras. Notons que la combinaison des caméras 2 et 4 (qui offrent des vues perpendiculaires l'une de l'autre) permet d'atteindre un taux de reconnaissance moyen de 81.5% et que la reconnaissance en $3D$ donne un taux de succès de 91.2% sur ces mêmes exemples.

Nous avons également comparé les résultats obtenus en 3D par nos deux méthodes (prototypes de MHVs et grammaires d'exemplaires) sur la base IXMAS. Ces résultats sont présentés dans la figure 4.9.

Pour permettre la comparaison, les résultats sont obtenus en $3D$, sur les mêmes volumes alignés et mis à l'échelle manuellement. On peut y lire un (petit) avantage pour la méthode des MHVs, dont le calcul et l'apprentissage sont plus aisés. On peut aussi interpréter ce résultat comme une démonstration de la bonne qualité des résultats obtenus par la méthode HMM, qui résout par ailleurs le problème de la projection.

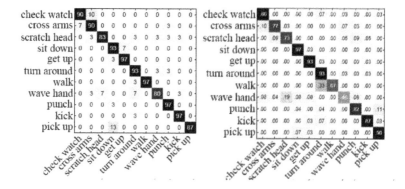

FIGURE 4.9: Matrice de confusion (en %) pour nos deux méthodes de reconnaissance en $3D$ sur la base IXMAS. (Gauche) Grammaire HMM d'exemplaires, taux de reconnaissance moyen de 91.21%. (Droite) Prototypes MHV, taux de reconnaissance moyen de 94.85%.

A titre de perspectives futures, on peut imaginer de combiner les avantages de ces deux méthodes en utilisant les MHVs (avant transformation de Fourier) comme des exemplaires, pouvant servir à calculer à l'aide de *shaders* les valeurs (durées) des images d'histoire du mouvement (MHI) dans une nouvelle caméra. Celles-ci pourraient être comparées aux images observées, et on obtiendrait ainsi des grammaires HMM dont les observations couvriraient des tranches temporelles de longueur fixe jouant le rôle des coefficients cepstraux utilisés en reconnaissance de la parole.

4.4 Bilan et perspectives

Dans ce chapitre, nous avons passé en revue les contributions apportées par la thèse de Daniel Weinland. Une première contribution de cette thèse a été d'utiliser une reconstruction 3D de prises de vues réelles, afin de faire l'apprentissage de modèles réalistes et complexes des actions humaines. Ce travail a donné lieu à la diffusion d'une base de données qui est aujourd'hui utilisée par de nombreux chercheurs dans le monde.

Une seconde contribution a été de généraliser l'approche des templates d'actions de Bobick. Mais ce travail a également révélé une difficulté importante - c'est qu'il est difficile de relier les observations image avec les modèles 3D.

Une troisième contribution a été d'aborder la question de la segmentation des actions. Nous avons montré le bien fondé de l'approche de Marr et Vaina dans le cas des observations 3D. Dans le cas 2D, la question reste ouverte et il parait intéressant d'envisager des modèles semi-Markoviens, qui permettraient d'obtenir simultanément la segmentation et la classification des actions.

Une quatrième contribution a été de proposer un modèle de Markov semi-continu, permettant de constituer un vocabulaire d'actions primitives partagé par toutes les actions du niveau immédiatement supérieur. Dans notre cas, ces primitives sont des silhouettes. Mais on peut envisager de nombreuses variantes à ce modèle. En particulier, si nous voulons adapter le modèle à des scènes de films, il nous faudra adopter de nouveaux descripteurs (statistiques des contours occultants et flots optiques par exemple).

Nous terminons ce chapitre en mentionnant quelques pistes qui s'offrent à nous pour poursuivre ces travaux et les appliquer à l'analyse de films.

4.4.1 Reconnaissance d'actions dans les films

Les travaux de ce chapitre devront être adaptés de façon significative pour pouvoir s'appliquer à des images de films. En effet, nous nous sommes basés sur l'extraction des silhouettes par soustraction de fond et cette technique n'est pas applicable au film. Une variante utile de notre approche consisterait à revenir à la définition des images et volumes d'histoires de mouvement (MHI et MHV). En effet, nous avions alors souligné qu'ils peuvent être estimés également à partir d'une *détection de mouvement*. Cette variante permettrait de nous affranchir de la soustraction de fond, qui n'est généralement pas possible dans les films.

Il nous faudrait aussi déterminer les positions et les axes des acteurs, ce qui pourrait être fait avec une version simplifiée de notre modèle d'estimation de posture. On pourrait adopter pour cela une représentation centrée sur les visages, et utilisant des descripteurs qui peuvent être extraits des films (statistique des gradients et des flots optiques).

Les méthodes de sacs d'événements, basés sur les points d'intérêt spatio-temporels, présentent beaucoup d'avantages pour l'analyse des actions dans le films - elles offrent d'excellentes performances en classification et sont robustes aux occultations, aux parties cachées ou hors-champ, etc. En revanche, elles ne permettent pas facilement de résoudre les problèmes de localisation spatiale et temporelle des actions. Nous pouvons envisager d'utiliser ces méthodes comme des *features* de haut niveau servant à construire des champs aléatoires conditionnels (CRF) qui paraissent bien adaptés au problème. Nous pouvons donc envisager de reformuler notre approche markovienne de la classification des actions et des points de vue dans ce formalisme.

4.4.2 Vocabulaire des actions

Une autre difficulté que nous allons devoir affronter pour l'analyse des actions dans les films, c'est la taille du vocabulaire des actions qu'on y trouve. A titre d'exemple, nous avons extrait 35 verbes d'actions du découpage du film "Le magicien d'Oz" (chapitre 2) pour lesquels nous disposons d'au moins dix exemples de plans alignés. La liste est la suivante : CRY (26), DANCE (25), ENTER (40), EXIT (43), FALL (25), FLY (13), FOLLOW (16), GESTURE (13), GO (27), GROWL (10), HIT (14), HOLD (17), JUMP (27), LAUGH (19), LOOK (142), MOVE (25), OPEN (15), PICK (21), POINT (19), PULL (11), PUT (26), REACT (141), RISE (25), SEE (15), SIT (23), STAND (27), TAKE (13), THROW (11), TURN (40), WALK (12), WATCH (23), WAVE (13), RUN (69), RUSH (12), SCREAM (14).

Cette liste illustre une difficulté propre à la collecte des exemples d'actions - les verbes les plus fréquents sont fortement polysémiques ou générique (GO, MOVE) ; les verbes plus précis sont peu représentés. La polysémie des verbes est plus importante que celle des noms dans la plupart des langues [111, 148], ce qui complique la tâche de constitution des corpus. Cette liste révèle également l'importance des actions de **manipulation d'objets** et d'**interaction avec les autres acteurs**, qui sont des problèmes que nous n'avons pas du tout abordés.

Nous envisageons donc d'étendre progressivement le vocabulaire des actions, par exemple en introduisant successivement

- Les actions que l'on fait *avec la tête* ou *avec les yeux*, parmi lesquelles regarder ou réagir aux actions des autres acteurs.
- Les actions que l'on fait *avec les mains*, parmi lesquelles on trouve les manipulations d'objets (prendre, poser, ouvrir, fermer, etc.) et certaines interactions entre acteurs (serrer la main, prendre dans ses bras, combattre).
- Les actions que l'on fait *avec les pieds*, principalement les déplacements et changements de postures (se lever, s'asseoir, se coucher).

En procédant de cette façon, on peut espérer qu'un petit nombre d'actions de base couvre un grand nombre de scènes de films. La reconnaissance coordonnée des actions et des objets manipulés par ces actions permettrait en particulier d'étendre considérablement le vocabulaire des actions que nous pouvons reconnaître, par la simple combinatoire des objets manipulés, tout en limitant le nombre des actions possibles aux *affordances* des objets présents dans la scène.

Un autre avantage de cette classification sommaire, c'est que les actions des trois catégories peuvent probablement être exécutées (et reconnues) en parallèle. En revanche, dans chacune des trois catégories, on ne peut exécuter (ou reconnaître) qu'une action à la fois. On n'aurait donc à traiter que trois problèmes de classification séquentielle. Guerra-Filho et Aloimonos ont proposé une classification similaire de ce qu'ils appellent des *actions concrètes*, basées sur des critères d'organisation sensori-motrice et visuelle [155].

Pour constituer progressivement ce vocabulaire d'actions, nous pouvons utiliser les découpages et scénarios de films, comme indiqué au chapitre 2, mais cela pose des difficultés pratiques non négligeables. En effet, il faut vérifier que chaque occurrence du terme recherché est bien utilisé dans le même sens, et que l'action correspondante est bien visible à l'écran. Puis il nous faut chercher parmi les synonymes de chaque terme, et vérifier à nouveau. En pratique, il faut également visionner l'ensemble des plans afin de repérer les actions visibles mais non mentionnées dans le script. On voit bien les limites d'une telle approche, très empirique. Pour constituer un vocabulaire d'action de taille plus importante, il sera donc très utile de travailler avec des spécialistes du traitement des langues naturelles et de la sémantique, ou d'utiliser les ressources d'une ontologie de verbes d'actions comme Wordnet [3], FrameNet [4] ou VerbNet [5], qui regroupent les verbes d'actions par concepts, organisés hiérarchiquement par des relations de subsumption (hyponymie et hyperonymie), de causalité et de partonomie. Nous retrouvons ici la problématique des taxinomies d'actions rencontrée au premier chapitre.

Une autre façon complémentaire d'aborder le problème de la reconnaissance des actions consiste à poursuivre notre travail d'apprentissage en $3D$, avec des modèles réels ou synthétiques, qui pourraient être obtenus en travaillant avec de vrais acteurs de théâtre ou avec des moteurs de jeu vidéo. Ceci nous permettra de continuer à améliorer les performances de reconnaissance, avec un plus grand nombre d'actions et d'acteurs, et dans des conditions réalistes et variées.

---

3. http ://wordnet.princeton.edu/
4. http ://framenet.icsi.berkeley.edu/
5. http ://verbs.colorado.edu/ mpalmer/projects/verbnet/downloads.html

CHAPITRE 5

Nouvelles Directions

Dans ce dernier chapitre, nous dressons un inventaire des principales directions de recherche qui s'ouvrent à nous pour les prochaines années. En particulier, nous avons participé en 2007-2009 à une aventure industrielle et commerciale dans le domaine de la génération automatique de films, qui suggère de nouvelles perspectives.

5.1 Découpage et annotation

Le domaine de la reconnaissance d'actions est actuellement en pleine effervescence, comme en témoigne l'abondante bibliographie du domaine, que nous avons très brièvement résumé au chapitre précédent. Les travaux dans ce domaine sont souvent limités à des bases de faible taille. Mais plusieurs équipes commencent à s'intéresser à des bases plus ambitieuses, construites à l'aide de scénarios de films. Cour et al. mettent en correspondance les scènes de scénarios avec les scènes tournées, et en extraient des segments annotés par les actions qu'il contiennent [107, 106]. Laptev et al. mettent en correspondance les scènes de scénario avec les scènes tournées dans un grand nombre de films, et en extraient des segments qui contiennent potentiellement les actions mentionnées dans le script [186]. Cette étape est réalisée automatiquement, et leur permet d'effectuer ensuite facilement une vérification manuelle des séquence. Gupta et al. utilisent le sous-titrage des commentateurs sportifs comme annotation pour apprendre à reconnaître les actions dans des matches de football américains [156]. Salway et al. utilisent les descriptions audio, qui sont des pistes sonores destinées aux mal-voyants, et décrivent de façon méthodique la bande image de nombreux films au format DVD [78, 230].

Nous souhaitons participer à cet effort, et pensons qu'il est possible dans un avenir proche de rassembler de cette façon plusieurs dizaines de milliers de scènes de films, annotées par leurs scénarios. Il faudra pour cela améliorer la détection des changements de scène, qui reste une opération délicate. On peut traiter ce problème de classification en rassemblant un grand nombre d'exemple de changements de scène non détectés (false negatives) et en adoptant une démarche par apprentissage actif (qui ajoute les faux positifs aux bases d'apprentissage). Il faudra aussi réaliser un meilleur diagnostic sur la correspondance entre les scènes du script et celle du film. Pour cela, nous envisageons de modifier nos algorithmes de mise en correspondance, avec un meilleur modèle de la distance entre deux scènes. Une approche possible consiste à reformuler le problème non plus comme un alignement entre séquences (les images du film vs. les mots du script) mais comme un alignement entre arbres (les scènes, plans, figures et features du films vs. les scènes, plans, actions, descriptions et dialogues du script) pour lesquels il existe des méthodes spécifiques [160].

5.2 Alignement des actions

Lorsque nous aurons ainsi rassemblé plusieurs dizaines de milliers des scènes de cinéma, il nous faudra affronter plusieurs problèmes méthodologiques. Le premier problème, c'est que la taille du vocabulaire des actions dans les films est de plusieurs milliers de concepts, et qu'il est difficile de les isoler pour les apprendre un par un. Le second problème, c'est que les actions du scénario ne correspondent pas à l'identique aux actions filmées. L'art de la mise en scène et de la direction d'acteurs consiste justement à traduire les actions "cibles" indiquées par le scénario en actions "sources" jouées par les acteurs et filmées par la caméra. On peut en voir un exemple dans une scène du film Casablanca reproduite ci-contre. La Figure 5.1 montre la scène telle qu'elle a été écrite. La Figure 5.2 montre une partie du découpage de cette scène, et notamment les indications de mise en scène et de jeu de l'acteur Peter Lorre. La Figure 5.3 montre les images des 9 plans qui composent cette scène dans le montage final du film.

Pour contourner ces deux difficultés, je propose de passer par une étape d'annotation plan par plan, et non pas seulement scène par scène. Cette annotation peut provenir d'un découpage, comme dans l'exemple du film "Le magicien d'Oz". Il reste dans ce cas de figure à aborder le problème *fondamental* de la mise en correspondance action par action, dont nous avons vu au chapitre 2 qu'il peut être posé naturellement comme un problème d'alignement mot à mot, à partir d'un corpus aligné de plans et de découpages. Il semble intéressant de construire des

INT. RICK'S CAFE - MAIN ROOM - NIGHT

By the time the gendarmes manage to get the door open again,
Ugarte has pulled a gun.

He FIRES at the doorway. The SHOTS bring on pandemonium in
the cafe.

As Ugarte runs through the hallway he sees Rick, appearing
from the opposite direction, and grabs him.

UGARTE
Rick! Rick, help me!

RICK
Don't be a fool. You can't get away.

UGARTE
Rick, hide me. Do something! You
must help me, Rick. Do something!

Guards and gendarmes rush in and grab Ugarte. Rick stands
impassively as they drag Ugarte off.

UGARTE
Rick! Rick!

FIGURE 5.1: Une scène du film Casablanca, telle qu'elle a été écrite dans le scénario.

modèles statistiques de ces alignements, par exemple par des techniques de champs de Markov
(CRF) conditionnées par les deux chaînes à mettre en correspondance.

5.3 Reconnaissance des actions

Pour aborder la question de la reconnaissance des actions à partir d'exemples alignés, il
parait judicieux de poursuivre l'idée introduite au chapitre 4, qui consiste à coupler des modèles
markoviens représentant simultanément les actions (le contenu) et leur mise en scène (le style),
et de marginaliser sur les paramètres de style.

Pour adapter cette idée au cas des films, il nous faudra revoir nos algorithmes entièrement. En
effet, les résultats du chapitre 4 nécessitent l'extraction des silhouettes des acteurs par soustraction de fond, ce qui n'est pas possible dans des séquences de films. Il nous faudra donc utiliser
d'autres descripteurs - par exemple les statistiques des contours et de leurs mouvements, des
flots optique, des trajectoires de points d'intérêt, etc.

Je propose d'aborder la reconnaissance des actions dans les films en m'appuyant sur la détection des visages des acteurs qui effectuent l'action et des objets qui participent à l'action. Cela

65

Speech	Action
... Ugarti enters yelling "Rick! Rick! Help me!", puts his hands on Rick's forearms. Rick pushes Ugarti against a column saying "Don't be a fool, you can't get away."	
But Rick, hide me!	U's eyes are wide, focused on R, U has facial expression of extreme desperation and fear.
Do	U's eyes and then head turn left to see approaching police, mouth tight, face tense.
something,	Head, eyes back on R, intense gaze, "something" emphasized.
you	Eyes then head turn a bit left toward police as they grab him.
must	U's face compresses in pain.
help	Shrinks down, looks further away from R.
me	Twists to get free.
Rick!	Looks back at R, but eyes pressed shut, looks away as police pull at him.
Do something!	U looks toward R as he speaks, then away in pain as he is dragged from scene yelling.

FIGURE 5.2: Extrait du découpage de la scène du film Casablanca présentée à la Figure 5.1 (plans 5 et 6). On peut noter les interactions subtiles entre les dialogues et le jeu des acteurs. Le script contient seulement cinq actions : "Ugarte runs, sees Rick, grabs him, "guards rush in and grab Ugarte". Est-il possible d'apprendre un modèle statistique de la mise en scène et du jeu d'acteurs comme traduction entre les actions écrites du scénario et les actions visibles dans le film ?

permet de poser le problème de reconnaissance sous un forme un peu différente - au lieu de demander *que se passe-t-il dans cette séquence ?* on pose plus simplement la question *que fait cet acteur dans cette séquence ?* En formulant ainsi le problème, nous nous retrouvons dans un cas de figure plus proche de celui que nous avions traité au chapitre 4. De plus, nous pouvons localiser les descripteurs dans des systèmes de coordonnées lié aux visages des acteurs, ce qui parait favorable à la reconnaissance. Un bon modèle pour la reconnaissance et la segmentation simultanées des actions parait être celui des champs aléatoires conditionnels semi-markoviens (semi-CRF), dont l'apprentissage peut être réalisé par des techniques de rétro-propagation de type perceptron ou voted-perceptron [105, 236].

Mais on peut se demander si cette approche, consistant à rassembler des exemples naturels, au hasard des scènes de films, sera suffisante. Dans le domaine de la reconnaissance d'objets ou de visages, il est fréquent d'ajouter des exemples synthétiques dont on peut ainsi varier les paramètres de taille, de forme, d'apparence, d'illumination, etc. Est-il possible de faire la même chose pour les actions ?

Il semble que oui, et c'est le dernier point que je développerai pour clore ce mémoire. L'idée de base consiste à reproduire des scènes de films à l'aide de moteurs de jeu, en utilisant les techniques du *machinima* (machine cinema) [176, 189, 217]. Bien que ces techniques soient encore balbutiantes, elles promettent, à terme, de produire de très grandes quantités de prises de vues synthétiques des mêmes actions, exécutées par un grand nombre d'acteurs *virtuels* dans des styles différents, et filmées par des caméras *virtuelles* sous des angles variés. Il me parait intéressant de passer par cette étape de synthèse, car elle permet d'étudier de façon expérimentale la mise en scène et la mise en images des actions, et d'en proposer des modèles mathématiques ou statistiques.

5.4 Génération automatique de scènes

Lorsque nous disposons du découpage d'une scène et de son alignement temporel avec un film, nous sommes dans des conditions favorables pour reconstruire la scène en animation de synthèse. Nous pouvons utiliser pour cela les outils développés dans le domaine du machinima. Par exemple, le logiciel Matinee, qui fait partie du jeu Unreal Tournament 2004, permet de scripter une scène pour la jouer dans le moteur de jeu et la filmer à l'aide de caméras virtuelles. Le logiciel Source Recorder, permet d'enregistrer et rejouer à volonté une scène dans le moteur Source de Valve qui est distribué avec les jeux de la série HalfLife. Les moteurs de jeu vidéo open source Panda3D (développé conjointement par Disney et l'université Carnegie Mellon)[1] et Blender[2] proposent également des outils dédiés au machinima. D'autres jeux comme The Movies de Lionhead Studios, Second Life de Linden Research, Halo 3 de Bungie ainsi que Virtools de Dassault Systèmes, incluent également des outils semblables. On peut juger du réalisme des films synthétiques créés par les techniques de machinima avec une scène du film "A few good men" reproduite dans le jeu HalfLife[3].

Des étudiants de l'Université de Cambridge ont tenté de reproduire en machinima une scène du film Casablanca au cours de deux workshops organisés par Michael Nitsche en 2002 et 2003 [218, 217] en utilisant les moteurs Unreal puis Virtools. S'ils observent que les acteurs virtuels ont un registre moins étendu que des acteurs réels, ils découvrent que les outils cinématographiques (caméras et lumières) peuvent être manipulés très facilement.

Moyennant un effort important de modélisation, ces techniques permettent de générer de très nombreuses variations de style autour d'un même contenu (actions), qui peuvent être utilisées pour apprendre et valider nos techniques d'analyse et de reconnaissance. C'est d'ailleurs ce qu'on fait (en utilisant le logiciel Poser) Triggs et Aggarwal pour apprendre par régression à reconstruire les mouvements du corps humain à partir de leurs silhouettes [75, 76].

Ces techniques peuvent aussi être automatisées, ce qui constitue une direction de recherche à part entière. En effet, la plupart des tâches demandant des efforts importants - l'animation

---

1. http ://www.panda3d.org/
2. http ://www.blender.org/
3. http ://www.machinima.com/film/view&id=1154

faciale, la synchronisation des lèvres et des dialogues, la synchronisation des acteurs entre eux. Nous pourrions utiliser notre travail d'annotation et d'alignement temporel pour scripter une scène sous forme de machinima de façon beaucoup plus efficace. Il nous faudra pour cela concevoir et implémenter un langage de contrôle des acteurs et des caméras ayant l'expressivité d'une feuille d'exposition de lay-out (une partition) de la scène.

On peut aussi imaginer à terme de synthétiser la séquence d'actions qui figure dans le scénario original, sans passer par l'étape du découpage. C'est ce que tentent de faire des chercheurs comme Loyall et Bates [190] ou Ye et Baldwin [254]. Ainsi, pour modéliser le jeu des acteurs, Loyall et Bates ont développé le langage HAP [190], basé sur le formalisme des arbres de comportement (behavior trees). Il s'agit d'un langage de script qui permet de programmer les actions et réactions des acteurs. Le comportement d'un acteur est un programme composé d'un nom (le but), d'une liste de paramètres, d'une liste de pré-conditions, et d'une liste de sous-buts qui doivent être exécutés, soit séquentiellement, soit en parallèle. Les sous-buts peuvent être des actions primitives (exécutables) ou récursivement, d'autres comportements. Le langage HAP permet de planifier les comportements d'acteurs virtuels, y compris dans des applications de fiction interactive ou de machinima, mais il demande un effort de programmation important, pour des résultats qui ne permettent pas d'obtenir la *suspension consentie de l'incrédulité* du spectateur.

Il serait intéressant de formuler une version probabiliste de ce langage, avec des probabilités apprises à partir d'exemples de films réels. On peut remarquer que les arbres de comportement ont une structure voisine des graphes AND-OR mentionnés au chapitre 2. On peut donc imaginer de les utiliser pour des tâches de reconnaissance - reconnaître au cours d'une scène de films les comportements des acteurs et leur séquencement. Il faudrait pour cela choisir un répertoire de comportements, avec leurs paramètres d'exécution, et apprendre à les reconnaître à partir de courtes séquences de films. On pourrait alors émettre l'hypothèse selon laquelle des acteurs différents (ou de style différent) utilisent un même répertoire de comportements simples, mais avec des probabilités différentes. Une telle approche permettrait en théorie d'imiter le jeu d'un acteur, à partir d'exemples extraits de ses films.

5.5 Génération automatique de films

Un second aspect important pour développer des modèles génératifs de films est celui qui mène de la scène à l'écran, en déterminant le placement des caméras et des lumières (cinématographie) et le montage du film. Ces aspects ont été formalisés dans différents manuels et études critiques sous formes d'idiomes [80]. On peut illustrer la différence qui existe entre une scène "scénarisée" et une scène filmée sur l'exemple très court, extrait du film "Casablanca", que nous avons reproduit dans les Figures 5.1, 5.2 et 5.3. On voit dans cet exemple comment la séquence des actions écrites dans le script a été interprétée en une séquence de plans, qui découpent ces actions, les ré-ordonnent, les enrichissent, etc.

En 1996, He et al. ont proposé de modéliser ce travail de mise en scène, de cinématographie et de montage, sous la forme d'une hiérarchie d'automates d'états finis qui implémentent quelques idiomes de la grammaire du film [249]. Les actions, positions et orientations des acteurs virtuels constituent les entrées de leur système. Les positions et orientations de la caméra à chaque instant en constituent les sortie, qui permettent de produire le montage d'un film d'animation. Mais ce système à base d'idiomes ne présente qu'une approximation très simplifiée de la réalité du travail de cinématographie et de montage. Nous pensons qu'il est possible de proposer des modèles génératifs beaucoup plus généraux et puissants, en nous basant sur une analyse précise des choix de plans (cadrages, focales, composition), des changements de plans, des durées de plans, des éclairages, etc. *en fonction des actions* dans des scènes réelles, annotées et analysées image par image.

Dans cette confrontation entre l'analyse et la production automatique de films, tout reste à faire, et j'appelle de mes vœux l'ouverture d'un dialogue entre cinéastes, chercheurs en vision et théoriciens du cinéma.

(a) Plan 1 - By the time the gendarmes manage to get the door open again, Ugarte has pulled a gun. He FIRES at the doorway.

(b) Plans 2, 3 et 4 - The SHOTS bring on pandemonium in the cafe.

(c) Plan 5 - As Ugarte runs through the hallway he sees Rick, appearing from the opposite direction, and grabs him.

(d) Plan 6 - Quick dialogue between Ugarte and Rick. Guards and gendarmes rush in and grab Ugarte.

(e) Plans 7, 8 et 9 - Rick stands impassively as they drag Ugarte off.

FIGURE 5.3: Images du film Casablanca correspondant au script de la Figure 5.1. La scène filmée contient 9 plans, qui ré-ordonnent et enrichissent les actions indiquées dans le script. La traduction entre le script et l'image est le résultat de choix esthétiques complexes, qui doivent être énumérés et analysés.

CHAPITRE 6

Bibliographie

6.1 Bibliographie de l'auteur

6.1.1 Revues internationales

[1] Remi Ronfard. Region based strategies for active contour models. *International Journal of Computer Vision*, 13(2) :229–251, October 1994. 5

[2] Gabriel Taubin and Remi Ronfard. Implicit simplicial models for adaptive curve reconstruction. *IEEE Transactions on Pattern Analysis and Machine Intelligence*, 18(3) :321–325, 1996. 7

[3] Ioana Martin, Remi Ronfard, and Fausto Bernardini. Detail-preserving variational surface design with multiresolution constraints. *Journal of Computing and Information Science in Engineering*, 5(2) :104–110, June 2005. 7

[4] Daniel Weinland, Remi Ronfard, and Edmond Boyer. Free viewpoint action recognition using motion history volumes. *Computer Vision and Image Understanding*, 104(2-3) :249–257, November/December 2006. 11, 47

[5] David Knossow, Remi Ronfard, and Radu P. Horaud. Human motion tracking with a kinematic parameterization of extremal contours. *International Journal of Computer Vision*, 79(2) :247–269, September 2008. 11, 35, 36

6 Bibliographie

6.1.2 Revue nationale

[6] Marc Sigelle and Rémi Ronfard. Relaxation d'images de classification et modèles de la physique statistique. *Traitement du Signal*, 9(6), 1992. 6

6.1.3 Conferences internationales

[7] M. Sigelle and R. Ronfard. Relaxation of previously classified images by a markov field technique and its relationship with statistical physics. In *7th Scandinavian Conf. on Image Analysis*, pages 387–394, August 1991. 6

[8] Remi Ronfard and Jarek Rossignac. Triangulating multiply-connected polygons : A simple yet efficient algorithm. In *Proceedings of Eurographics*. Computer Graphics Forum, 1994. 6

[9] Remi Ronfard and Jarek Rossignac. Full-range approximation of triangulated polyhedra. In Jarek Rossignac and François Sillon, editors, *Proceeding of Eurographics, Computer Graphics Forum*, volume 15(3), pages C67–C76. Eurographics, Blackwell, August 1996. 6, 7

[10] Jean Carrive, François Pachet, and Remi Ronfard. Using description logics for indexing audiovisual documents. In *International Workshop on Description Logics*, 1998. 10, 17, 19, 22

[11] Gwendal Auffret, Jean Carrive, Olivier Chevet, Thomas Dechilly, Remi Ronfard, and Bruno Bachimont. Audiovisual-based hypermedia authoring - using structured representations for efficient access to av documents. In *Proceedings of the 10th ACM Conference on Hypertext and Hypermedia*. ACM, 1999. 10, 19

[12] Patrick Bouthemy, Christophe Garcia, Remi Ronfard, Georges Tziritas, Emmanuel Veneau, and Didier Zugaj. Scene segmentation and image feature extraction for video indexing and retrieval. In *Proceedings of the 3d International Conference on Visual Information Systems (VISUAL'99)*, volume 1614 of *Lecture Notes in Computer Science*. Springer Verlag, 1999. Amsterdam, The Netherlands. 10

[13] Jean Carrive, François Pachet, and Remi Ronfard. Clavis - a temporal reasoning system for classification of audiovisual sequences. In *Recherche d'Informations Assistee par Ordinateur (RIAO)*, 2000. College de France, Paris, France. 17, 19, 20

[14] Jean Carrive, Pierre Roy, François Pachet, and Remi Ronfard. A language for audiovisual template specification and recognition. In *Sixth International Conference on Principles and Practice of Constraint Programming*, 2000. Singapore. 10, 17, 19, 20

[15] Remi Ronfard, Christophe Garcia, and Jean Carrive. Conceptual indexing of television images based on face and caption sizes and locations. In *Proceedings of the 4th International Conference on Advances in Visual Information Systems (VISUAL 2000), Lyon, France.* Springer Verlag, 2000. 10

[16] Emmanuel Veneau, Remi Ronfard, and Patrick Bouthemy. From video shot clustering to sequence segmentation. In *International Conference on Pattern Recognition*, 2000. Barcelona, Spain. 10, 28

[17] Ioana Martin, Remi Ronfard, and Fausto Bernardini. Variational surface design with multiresolution constraints. In *Proceedings of the SIAM Conference on Geometric Design and Computing*, 2001. Sacramento, CA. 7

[18] Remi Ronfard, Cordelia Schmid, and Bill Triggs. Learning to parse pictures of people. In *Proceedings of the 7th European Conference on Computer Vision, Copenhagen, Denmark*, volume 4, pages 700–714. Springer, June 2002. Copenhagen. 11, 33, 34

[19] Remi Ronfard and Tien Tran-Thuong. A framework for aligning and indexing movies with their script. In *IEEE International Conference on Multimedia and Expo*, pages 21–24, July 2003. Baltimore, USA. 11, 23, 25

[20] Ioana Martin, Remi Ronfard, and Fausto Bernardini. Detail-preserving variational surface design with multiresolution constraints. In *Proceedings of the International Conference on Shape Modeling and Applications*, 2004. Genova. 7

[21] Remi Ronfard. Reading movies - an integrated dvd player for browsing movies and their scripts. In *Proceedings of the 12th ACM International Conference on Multimedia*, 2004. New York, New York. 11

[22] Daniel Weinland, Remi Ronfard, and Edmond Boyer. Motion history volumes for free viewpoint action recognition. In *IEEE International Workshop on modeling People and Human Interaction (PHI'05)*, 2005. 11, 51

[23] David Knossow, Remi Ronfard, Radu P. Horaud, and Frédéric Devernay. Tracking with the kinematics of extremal contours. In Shree K. Nayar P.J. Narayanan and Heung-Yeung Shum, editors, *Computer Vision – ACCV 2006*, LNCS, pages 664–673, Hyderabad, India, January 2006. Springer. 11

[24] Daniel Weinland, Remi Ronfard, and Edmond Boyer. Automatic discovery of action taxonomies from multiple views. In *Proceedings of the IEEE Conference on Computer Vision and Pattern Recognition*, pages 1639–1645, Washington, DC, USA, 2006. IEEE Computer Society. 11, 47, 51, 56

[25] Andrei Zaharescu, Radu P. Horaud, Remi Ronfard, and Loic Lefort. Multiple camera calibration using robust perspective factorization. In *Proceedings of the 3rd International*

Symposium on 3D Data Processing, Visualization and Transmission, Chapel Hill (USA), pages 504–511. IEEE Computer Society Press, 2006. 11

[26] David Knossow, Joost van de Weijer, Radu P. Horaud, and Remi Ronfard. Articulated-body tracking through anisotropic edge detection. In *Dynamical Vision*, volume LNCS 4358 of *Lecture Notes in Computer Science*, pages 86–99. Springer, 2007. 11

[27] Daniel Weinland, Edmond Boyer, and Remi Ronfard. Action recognition from arbitrary views using 3d exemplars. In *Proceedings of the International Conference on Computer Vision, Rio de Janeiro, Brazil*, pages 1–7. IEEE Computer Society Press, 2007. 11, 49, 56

6.1.4 Livres et chapitres

[28] Remi Ronfard. Mpeg, une norme pour la compression, la structuration et la description du son. In *Informatique musicale - du signal au signe musical*, Informatique et Systemes d'Information, pages 403–422. Hermes, 11 rue Lavoisier, 75 008, Paris, 2004. sous la direction de Francois Pachet et Jean-Pierre Briot. 10, 25

[29] Jean Carrive, Francois Pachet, and Remi Ronfard. *Logiques de descriptions pour l'analyse structurelle de film*. Eyrolles, Paris, 1999. 10, 17, 20

[30] Rémi Ronfard and Gabriel Taubin (editors). *Image and Geometry Processing for 3D Cinematography*. Springer Verlag, January 2010. to be published. 12

6.1.5 Editoriaux

[31] A. Hilton, P. Fua, and R. Ronfard. Modeling people : vision-based understanding of a person's shape, appearance, movement, and behaviour. *Computer Vision and Image Understanding archive*, 104(2) :87 – 89, November 2006. 12

[32] Remi Ronfard and Gabriel Taubin. Introducing 3d cinematography. *IEEE Computer Graphics and Applications*, 27(3) :18–20, May-June 2007. 12

6.1.6 Brevets

[33] Hans Behrer and Rémi Ronfard. Controling a cinematographic process in a text-to-animation system. Patent Pending, October 2008. 13

[34] Rémi Ronfard and Ramanjot Singh Bhatia. Script import in a text-to-animation process. Patent Pending, October 2008. 13, 26

[35] Rémi Ronfard. Automated cinematography editing tool. Patent Application WO-2009-055929 PCT-CA2008-001925, May 2009. 13, 14

6.1.7 Articles de vulgarisation

[36] Rémi Ronfard. L'analyse des images et des sons. *Dossiers de l'Audiovisuel*, 73, Juillet-Aout 1997. 10

[37] Rémi Ronfard. Son et musique : les enjeux de l'indexation. *Dossiers de l'Audiovisuel*, 81, Septembre-Octobre 1998. 10

6.1.8 These

[38] Rémi Ronfard. *Principes variationnels pour l'analyse des images en couleurs.* Thèse en informatique, spécialité sciences et techniques de l'image, Ecole des Mines de Paris, 1991. 5

6.1.9 Rapports techniques

[39] Gabriel Taubin and R. Ronfard. Implicit simplicial models i : Adaptive curve reconstruction. Technical Report RC-18887, IBM Research Division, May 1993. 7

[40] Rémi Ronfard and Jarek Rossignac. Full-range approximation of triangulated polyhedra. Technical report, IBM Research Division, T. J. Watson Research Center, 1994.

[41] Rémi Ronfard and Jarek Rossignac. Full-range approximation of triangulated polyhedra. Technical Report RC 20423, IBM Research Division, T. J. Watson Research Center, 1994.

[42] Radu P. Horaud David Knossow, Remi Ronfard. Human motion tracking with a kinematic parameterization of extremal contours. Technical Report RR-6007, INRIA, October 2006.

[43] Loic Lefort et Rémi Ronfard. Manuel utilisateur du logiciel mvcamera de calibrage multi-caméras. Technical report, INRIA, 2006. 37

6.1.10 Autres publications

[44] R. Ronfard. Object contours and boundaries in color images. In *Proceedings of SPIE Visual Communications*, 1990. 5

[45] M. Sigelle, C. Bardinet, and R. Ronfard. Relaxation of classification images by a markov field technique - application to the geographical classification of bretagne region. In *EARSeL Symposium. Remote Sensing for Monitoring the Changing Environment of Europe*, pages 87–95, 1992. 6

[46] G. Taubin and Remi Ronfard. Implicit simplicial models for adaptive curve and surface reconstruction. In *SIAM Conference on Geometric Design*, November 1993. 7

[47] R. Ronfard. Shot-level description and matching of video content. In *Proceedings of SPIE conference on Multimedia Storage and Archiving Systems*, volume 3229, pages 70–78, 1997. 10

[48] Rémi Ronfard. A logical framework for shot-level description of video content, with suggestions for mpeg-7 terminology. In *Internal Document, MPEG97/M2793*, 1997. 10

[49] G. Auffret, R. Ronfard, and B. Bachimont. Proposal for a minimal mpeg-7 ddl for temporal media. In *ISO MPEG contribution 3782, Dublin Meeting*. 1998. 20

[50] Rémi Ronfard. Coopération de classifieurs numériques et symboliques pour la reconnaisssance de séquences audiovisuelles. In *Actes des rencontres de la Société Francophone de Classification*, 1999. 10

6.1.11 Autres communications orales

[51] Rémi Ronfard. A content provider's view of multimedia indexing. In *MPEG-7 Seminar, Bristol MPEG Meeting*, 1997. 10

[52] Rémi Ronfard. Interoperable, computer-assisted video indexing in television archives. In *Union Européenne de Radiodiffusion (UER)*, 1998. 10

[53] Rémi Ronfard. Distributed video archive network. In *Fédération Internationale des Archives de Télévision (FIAT)*, 1999. 10

[54] Rémi Ronfard. Distributed video archive network. In *Content-Based Multimedia Indexing Conference (CBMI)*, 1999. 10

[55] Rémi Ronfard. Projets de recherche en indexation et recherche d'informations dans les archives de l'ina. In *Dixièmes rencontres IRISATECH*, 1999. 10

[56] Rémi Ronfard. Vibes - vision par ordinateur et indexation vidéo. In Philippe Bigeon and David Menga, editors, *De l'hypermedia aux contenus riches.* Séminaire Aristote, Collège de Polytechnique, 2003. 11

6.2 Encadrement

6.2.1 Theses

[57] Jean Carrive. *Classification de séquences audiovisuelles.* PhD thesis, LIP6-Université Paris 6, 2000.

[58] Emmanuel Veneau. *Macro-segmentation multi-critère et classification de séquences par le contenu dynamique pour l'indexation vidéo.* PhD thesis, Université de Rennes I, 2002. (j'ai co-encadré avec Patrick Bouthemy la première année de cette thèse CIFRE INA-IRISA).

[59] David Knossow. *Paramétrage et Capture Multicaméras du Mouvement Humain.* PhD thesis, Institut National Polytechnique de Grenoble, spécialité Mathematique et Informatique, Avril 2007.

[60] Daniel Weinland. *Action Representation and Recognition.* PhD thesis, Institut National Polytechnique de Grenoble, spécialité Mathematique et Informatique, Octobre 2008. 57

6.2.2 Stages de master

[61] Caroline Le Pennec. Classification automatique de mouvements de caméra dans les films de cinéma. Master recherche image, vision et robotique, Université Joseph Fourier, 2003.

[62] Corinne Serose. Reconnaissance d'actions par reconstruction voxellique. Master recherche image, vision et robotique, Université Joseph Fourier, 2004.

[63] Mélaine Gautier. Suivi multi-caméra et reconnaissance de gestes. Master recherche image, vision et robotique, Université Joseph Fourier, 2005.

[64] Philippe Le Brouster. Modélisation des enveloppes visuelles par des surfaces de subdi-vision. Stage de master recherche, Université Joseph Fourier, 2006.

6.2.3 Stages ingenieur et master pro

[65] Jean-Philippe Malkasse. Rotoscopie : Animation de contours déformables par analyse d'une séquence d'images pour le dessin animé. Mastère image et systèmes de télévision, ENST, INA, 1995.

[66] Yoann Blanchet. Applications java pour la création et la visualisation des templates filmiques dans le prototype divan. Stage ingénieur, IMAC, INA, 1996.

[67] Yoann Blanchet. Applications java pour l'indexation de collections audiovisuelles dans le prototype divan. Thèse de mastère pro, Université de Marne-la-Vallée, INA, 1997.

[68] Mickael Viougeas and Cédric Riou. Représentations structurées de type mpeg-7 d'un film et de son scénario. Travail d'etudes et de recherche, maitrise d'informatique, Université Joseph Fourier, 2002.

[69] Olivier Tache and Cédric Riou. Environnement client serveur pour la consultation et l'analyse de films. Master pro génie informatique, Université Joseph Fourier, 2003.

[70] Mélaine Gautier. Apprentissage de modèles de markov cachés pour la détection des cuts, fondus enchainés et volets dans les films de cinéma. Stage ingénieur, Institut National des Télécoms, 2004.

[71] Florian Geffray and Elodie Sannier. Régie video multi-caméras. Master pro génie informatique, Université Joseph Fourier, 2004. 37

[72] Yannic Ropars. Estimation des parametres articulaires et volumetriques d'un modele 3d du corps humain à partir d'images. Master pro ingénierie de l'image, Université Joseph Fourier, 2005. 37

[73] Corentin Baron and Emilien Kia. Système de télé-commande wi-fi pour une régie vidéo multi-caméras. Master pro génie informatique, Université Joseph Fourier, 2006.

6.3 Bibliographie du domaine

[74] Brett Adams. Where does computational media aesthetics fit ? *IEEE MultiMedia*, 10(2) :18–27, 2003. 17

[75] A. Agarwal and B. Triggs. 3d human pose from silhouettes by relevance vector regression. In *International Conference on Computer Vision & Pattern Recognition*, pages II 882–888, Washington, June 2004. 67

[76] A. Agarwal and B. Triggs. Learning to track 3d human motion from silhouettes. In *International Conference on Machine Learning*, pages 9–16, Banff, July 2004. 67

[77] Ola Akerberg, Hans Svensson, Bastian Schulz, and Pierre Nugues. Carsim : an automatic 3d text-to-scene conversion system applied to road accident reports. In *EACL '03 : Proceedings of the tenth conference on European chapter of the Association for Computational Linguistics*, pages 191–194, Morristown, NJ, USA, 2003. Association for Computational Linguistics. 12, 13

[78] Andrew Salway Andrew, Andrew Vassiliou, and Khurshid Ahmad. What happens in films ? In *IEEE International Conference on Multimedia and Expo*, 2005. 64

[79] O. Arandjelovic and A. Zisserman. Automatic face recognition for film character retrieval in feature-length films. In *Proceedings of the IEEE Conference on Computer Vision and Pattern Recognition, San Diego*, pages 860–867, 2005. 17

[80] Daniel Arijon. *Grammar of the Film Language*. Silman-James Press, 1991. 68

[81] Gwendal Auffret and Bruno Bachimont. Audiovisual cultural heritage : From tv and radio archiving to hypermedia publishing. In *ECDL*, pages 58–75, 1999. 20

[82] Gwendal Auffret and Yannick Prié. Managing full-indexed audiovisual documents : a new perspective for the humanities. *Computer and the Humanities, special issue on Digital Images*, 33(4) :319–344, December 1999. 20

[83] N. Badler, R. Bindiganavale, J. Allbeck, W. Schuler, L. Zhao, and M. Palmer. Parameterized action representation for virtual human agents. In J. Cassell, editor, *Embodied Conversational Agents*, pages 256–284. MIT Press, 2000. 12, 13

[84] Norman I. Badler, Martha S. Palmer, and Rama Bindiganavale. Animation control for real-time virtual humans. *Communications of the ACM*, 42(8) :64–73, 1999. 12, 13

[85] S. Belongie and J. Malik. Matching with shape contexts. In J. Malik, editor, *IEEE Workshop on Content-based Access of Image and Video Libraries*, pages 20–26, 2000. 46

[86] J. Ben-Arie, Zhiqian Wang, P. Pandit, and S. Rajaram. Human activity recognition using multidimensional indexing. *IEEE Transactions on Pattern Analysis and Machine Intelligence*, 24(8) :1091–1104, 2002. 47

[87] A. Bobick and J. Davis. An appearance-based representation of action. In *ICPR*, page 307, Washington, DC, USA, 1996. IEEE Computer Society. 47, 51

[88] A. Bobick and J. Davis. Real-time recognition of activity using temporal templates. In *Applications of Computer Vision*, pages 39–42, 1996. 47, 51

[89] Aaron Bobick. Movement, activity, and action : The role of knowledge in the perception of motion. *Phil. Trans. Royal Society London B*, 352 :1257–1265, 1997. 43

[90] Aaron F. Bobick and James W. Davis. The recognition of human movement using temporal templates. *IEEE Transactions on Pattern Analysis and Machine Intelligence*, 23(3) :257–267, 2001. 47, 51

[91] I. Boier-Martin, D. Zorin, and F. Bernardini. A survey of subdivision-based tools for surface modeling. *AMS/DIMACS Volume on Computer-Aided Design and Manufacturing*, page 128, 2005. 8

[92] O. Boiman and M. Irani. Detecting irregularities in images and in video. In M. Irani, editor, *IEEE International Conference on Computer Vision*, volume 1, pages 462–469 Vol. 1, 2005. 50

[93] Philippe Bonfils. *Techniques numériques et animation*. Number 29 in Dossiers Techniques. Commission Supérieure Technique de l'Image et du Son, 2000. 10

[94] Alexander Borgida, Ronald J. Brachman, Deborah L. McGuinness, and Lori Alperin Resnick. Classic : a structural data model for objects. In *SIGMOD '89 : Proceedings of the 1989 ACM SIGMOD international conference on Management of data*, pages 58–67, New York, NY, USA, 1989. ACM. 22

[95] M. Brand, N. Oliver, and A. Pentland. Coupled hidden markov models for complex action recognition. In *IEEE Conference on Computer Vision and Pattern Recognition*, pages 994–999, 17–19 June 1997. 40

[96] C. Bregler and J. Malik. Tracking people with twists and exponential maps. In *CVPR*, pages 8–15, 1998. 34, 35

[97] Marc Caillet, Jean Carrive, Cécile Roisin, and François Yvon. Engineering multimedia applications on the basis of multi-structured descriptions of audiovisual contents. In *International Workshop on Semantically-Aware Document Processing and Indexing*, pages 31–40, New York, NY, USA, 2007. ACM. 28

[98] Lee W. Campbell, David A. Becker, Ali Azarbayejani, Aaron F. Bobick, and Alex Pentland. Invariant features for 3-d gesture recognition. In *IEEE International Conference on Automatic Face and Gesture Recognition*, pages 157–163, 1996. 46

[99] Stefan Carlsson and Josephine Sullivan. Action recognition by shape matching to key frames. In *Workshop on Models versus Exemplars in Computer Vision*, 2001. 49

[100] Nathanael Chambers and Dan Jurafsky. Unsupervised learning of narrative event chains. In *ACL/HLT*, 2008. 13, 29

[101] Alex Champandard. *AI Game Development*. New Riders, 2003. 13

[102] S.F. Chang, A. Puri, T. Sikora, and H.J. Zhang. Introduction to the special issue on mpeg-7. *IEEE Transactions on Circuits and Systems for Video Technology*, 11(6) :685–687, June 2001. 16

[103] M. Christie and P. Olivier. State-of-the-art report on camera control in computer graphics. In *Eurographics*, pages 89–113, 2006. 14

[104] Kenneth Ward Church. Charalign : A program for aligning parallel texts at the character level. In *Meeting of the Association for Computational Linguistics*, pages 1–8, 1993. 27

[105] Michael Collins. Discriminative training methods for hidden markov models : Theory and experiments with perceptron algorithms. In *Empirical Methods in Natural Language Processing (EMNLP)*, 2002. 66

[106] Timothee Cour, Chris Jordan, Eleni Miltsakaki, and Ben Taskar. Movie and script : Alignment and parsing of video and text transcription. In *ECCV*, 2008. 25, 26, 27, 63

[107] Timothee Cour and Ben Taskar. Video deconstruction : Revealing narrative structure through image and text alignment. In *NIPS Workshop on the Grammar of Vision : Probabilistic Grammar-Based Models for Visual Scene Understanding and Object Categorization*, 2007. 25, 26, 27, 63

[108] Bob Coyne and Richard Sproat. Wordseye : an automatic text-to-scene conversion system. In *SIGGRAPH '01 : Proceedings of the 28th annual conference on Computer graphics and interactive techniques*, pages 487–496, New York, NY, USA, 2001. ACM. 12, 13

[109] J. Cutting and D. Proffitt. Gait perception as an example of how we may perceive events. In *Intersensory Perception and Sensory Integration*. Springer, 1981. 31

[110] Navneet Dalal, Bill Triggs, and Cordelia Schmid. Human detection using oriented histograms of flow and appearance. In *European Conference on Computer Vision*, 2006. 34

[111] A. R. Damasio and D. Tranel. Nouns and verbs are retrieved with differently distributed neural systems. *Proceedings of the National Academy of Sciences*, 90 :4957–4960, 1993. 61

[112] Marc Davis. Media streams : an iconic visual language for video representation. In *Human-computer interaction : toward the year 2000*, pages 854–866. Morgan Kaufmann Publishers Inc., San Francisco, CA, USA, 1995. 16

[113] J. Deng, W. Dong, R. Socher, L.-J. Li, K. Li, and L. Fei-Fei. Imagenet : A large-scale hierarchical image database. In *IEEE Computer Vision and Pattern Recognition (CVPR)*, 2009. 26

[114] J. Deng, K. Li, M. Do, H. Su, and L. Fei-Fei. Construction and analysis of a large scale image ontology. In *Vision Sciences Society*. 2009. 26

[115] Nevenka Dimitrova and Robert Turetsky. Multiple source alignment for video analysis. In *Encyclopedia of Multimedia*. 2006. 26

[116] P. Dollar, V. Rabaud, G. Cottrell, and S.J. Belongie. Behavior recognition via sparse spatio-temporal features. In *International Workshop on Performance Evaluation of Tracking and Surveillance*, pages 65–72, 2005. 50

[117] Dorai and Venkatesh. Bridging the semantic gap with computational media aesthetics. *IEEE MultiMedia*, 10(22) :15–17, 2003. 17

[118] Chitra Dorai and Svetha Venkatesh. Computational media aesthetics : Finding meaning beautiful. *IEEE MultiMedia*, 8(4) :10–12, 2001. 17

[119] Chitra Dorai and Svetha Venkatesh. *Media Computing - Computational Media Aesthetics*. Video Computing. Kluwer Academic Publishers, 2003. 17

[120] Paul E. Downing, Yuhong Jiang, Miles Shuman, and Nancy Kanwisher. A cortical area selective for visual processing of the human body. *Science*, pages 2470–2473, 2001. 34

[121] Paul E. Downing and Nancy Kanwisher. A cortical area specialized for visual processing of the human body. *Journal of Vision*, 1(3), 2001. 34

[122] Tom Drummond and Roberto Cipolla. Real-time visual tracking of complex structures. *IEEE Transactions on Pattern Analysis and Machine Intelligence*, 24(7) :932946, 2002. 38

[123] Olivier Duchenne, Ivan Laptev, Josef Sivic, Francis Bach, and Jean Ponce. Automatic annotation of human actions in video. In *ICCV*, 2009. 26, 27

[124] Pinar Duygulu, Kobus Barnard, Nando de Freitas, and David Forsyth. Object recognition as machine translation : Learning a lexicon for a fixed image vocabulary. In *European Conference on Computer Vision*, 2002. 26

[125] Alexei A. Efros, Alexander Berg, Greg Mori, and Jitendra Malik. Recognizing action at a distance. In *IEEE International Conference on Computer Vision*, pages 726–733, 2003. 49

[126] Ahmed M. Elgammal, Vinay D. Shet, Yaser Yacoob, and Larry S. Davis. Learning dynamics for exemplar-based gesture recognition. In *IEEE Conference on Computer Vision and Pattern Recognition*, pages 571–578, 2003. 49, 57

[127] David K. Elson and Mark O. Riedl. A lightweight intelligent virtual cinematography system for machinima generation. In *Artificial Intelligence and Interactive Digital Entertainment (AIIDE '07)*, 2007. 12

[128] M. Everingham, J. Sivic, and A. Zisserman. Hello ! my name is... buffy – automatic naming of characters in tv video. In *Proceedings of the British Machine Vision Conference*, 2006. 17

[129] M. Everingham, J. Sivic, and A. Zisserman. Taking the bite out of automatic naming of characters in TV video. *Image and Vision Computing*, 27(5) :545–559, 2009. 4, 17

[130] M. Everingham and A. Zisserman. Identifying individuals in video by combining generative and discriminative head models. In *Proceedings of the International Conference on Computer Vision*, 2005. 17

[131] Ali Farhadi and Mostafa Kamali Tabrizi. Learning to recognize activities from the wrong view point. In *European Conference on Computer Vision*, pages 154–166, 2008. 47

[132] A. Fathi and G. Mori. Action recognition by learning mid-level motion features. In *IEEE Conference on Computer Vision and Pattern Recognition*, pages 1–8, June 2008. 47

[133] Melanie Feinberg and Ryan Shaw. Action : a framework for semantic annotation of events in video. In *Fourth International Workshop on Knowledge Markup and Semantic Annotation*, 2004. 16

[134] Pedro F. Felzenszwalb and Daniel P. Huttenlocher. Efficient matching of pictorial structures. In *CVPR*, 2000. 33

[135] V. Ferrari, M. Marin-Jimenez, and A. Zisserman. Pose search : retrieving people using their pose. In *Proceedings of the IEEE Conference on Computer Vision and Pattern Recognition*, 2009. 4

[136] M.A. Fischler and R.A. Elschlager. The representation and matching of pictorial structures. *Computers, IEEE Transactions on*, C-22(1) :67–92, Jan. 1973. 33

[137] David Forsyth, Okan Arikan, Leslie Ikemoto, James O'Brien, and Deva Ramanan. Computational studies of human motion : part 1, tracking and motion synthesis. *Found. Trends. Comput. Graph. Vis.*, 1(2-3) :77–254, 2005. 34

[138] David Forsyth and Jean Ponce. *Computer Vision : A Modern Approach*. Prentice Hall, 2002. 14

[139] Alexandre R.J. François, Ram Nevatia, Jerry Hobbs, and Robert C. Bolles. Verl : An ontology framework for representing and annotating video events. *IEEE MultiMedia*, 12(4) :76–86, 2005. 26

[140] Cordelia Schmid Fred Rothganger, Svetlana Lazebnik and Jean Ponce. Segmenting, modeling, and matching video clips containing multiple moving objects. *IEEE Transactions on Pattern Analysis and Machine Intelligence*, 29(3) :477–491, 2007. 4, 18

[141] Brendan J. Frey and Nebojsa Jojic. Learning graphical models of images, videos and their spatial transformations. In *UAI*, pages 184–191, 2000. 57

[142] Brendan J. Frey and Nebojsa Jojic. Fast, large-scale transformation-invariant clustering. In *NIPS*, pages 721–727, 2001. 57

[143] John Funge, Xiaoyuan Tu, and Demetri Terzopoulos. Cognitive modeling : knowledge, reasoning and planning for intelligent characters. In *SIGGRAPH '99 : Proceedings of the*

26th annual conference on Computer graphics and interactive techniques, pages 29–38, 1999. 12

[144] John David Funge. *AI for Animation and Games : A Cognitive Modeling Approach*. A K Peters, 1999. 13

[145] John David Funge. *Artificial Intelligence for Computer Games : An Introduction*. A K Peters, 2004. 13

[146] D.M. Gavrila and L.S. Davis. Towards 3-d model-based tracking and recognition of human movement. In Martin Bichsel, editor, *International Workshop on Face and Gesture Recognition*, pages 272–277, June 1995. 34, 47

[147] Christopher W. Geib and Robert P. Goldman. A probabilistic plan recognition algorithm based on plan tree grammars. *Artif. Intell.*, 173(11) :1101–1132, 2009. 28

[148] D. Gentner. Some interesting differences between verbs and nouns. *Cognition and Brain Theory*, 4 :161–178, 1981. 61

[149] Daniel Gildea and Daniel Jurafsky. Automatic labeling of semantic roles. In *38th Annual Conference of the Association for Computational Linguistics (ACL-00)*, page 512520, 2000. 13

[150] Michael Gleicher and Nicola Ferrier. Evaluating video-based motion capture. *Computer Animation*, 0 :75, 2002. 32

[151] Michael Gleicher and Andrew Witkin. Through-the-lens camera control. In *SIGGRAPH '92 : Proceedings of the 19th annual conference on Computer graphics and interactive techniques*, pages 331–340, New York, NY, USA, 1992. ACM. 14

[152] Peter Gorniak and Deb Roy. Grounded semantic composition for visual scenes. *Journal of Artificial Intelligence Research*, 21 :429–470, 2003. 28

[153] Richard Green and Ling Guan. Quantifying and recognizing human movement patterns from monocular video images. *IEEE transaction on Circuits and Systems for Video Technology*, 14, february 2004. 41, 48

[154] A. Gritai, Y. Sheikh, and M. Shah. On the use of anthropometry in the invariant analysis of human actions. In Y. Sheikh, editor, *Proc. 17th International Conference on Pattern Recognition ICPR 2004*, volume 2, pages 923–926 Vol.2, 2004. 47

[155] Gutemberg Guerra-Filho and Yiannis Aloimonos. A language for human action. *Computer*, 40(5) :42–51, 2007. 48, 62

[156] Abhinav Gupta, Praveen Srinivasan, Jianbo Shi, and Larry S. Davis. Understanding videos, constructing plots - learning a visually grounded storyline model from annotated videos. In *CVPR*, 2009. 28, 63

[157] Arun Hampapur, Amarnath Gupta, Bradley Horowitz, Chiao-Fe Shu, Charles Fuller, Jeffrey R. Bach, Monika Gorkani, and Ramesh C. Jain. Virage video engine. In *SPIE Storage and Retrieval for Image and Video Databases V*, volume 3022, pages 188–198, 2000. 16

[158] R. I. Hartley and A. Zisserman. *Multiple View Geometry in Computer Vision*. Cambridge University Press, second edition, 2004. 14

[159] M. Heritier, L. Gagnon, and S. Foucher. Places clustering of full-length film key-frames using latent aspect modeling over sift matches. *Circuits and Systems for Video Technology, IEEE Transactions on*, 19(6) :832–841, June 2009. 17

[160] Christoph M. Hoffmann and Michael J. O'Donnell. Pattern matching in trees. *J. ACM*, 29(1) :68–95, 1982. 64

[161] Nicholas R. Howe, Michael E. Leventon, and William T. Freeman. Bayesian reconstruction of 3d human motion from single-camera video. In *Advances in Neural Information Processing Systems*, pages 820–826. MIT Press, 1999. 40

[162] D. Ido, K. Church, and W. Gale. Robust bilingual word alignment for machine aided translation. In *Workshop on Very Large Corpora*, pages 1–8, 1993. 27

[163] Nazli Ikizler and Pinar Duygulu. Human action recognition using distribution of oriented rectangular patches. In *Workshop on HUMAN MOTION Understanding, Modeling, Capture and Animation*, 2007. 50

[164] Nazli Ikizler and Pinar Duygulu. Histogram of oriented rectangles : A new pose descriptor for human action recognition. *Image & Vision Computing*, 27(10) :1515–1526, 2009. 50

[165] Nazli Ikizler and David Forsyth. Searching video for complex activities with finite state models. In David Forsyth, editor, *IEEE Conference on Computer Vision and Pattern Recognition*, pages 1–8, 2007. 48

[166] Nazli Ikizler and David A. Forsyth. Searching for complex human activities with no visual examples. *Int. J. Comput. Vision*, 80(3) :337–357, 2008. 40

[167] D. Israel, J. Perry, and S. Tutiya. Actions and movements. In *Proc. of IJCAI*, pages 1060–1065, 1991. 43

[168] Ray Jackendoff. On beyond zebra - the relation of linguistic and visual information. *Cognition*, 26(2), 1987. 12

[169] N. Jojic, N. Petrovic, B. Frey, and T. Huang. Transformed hidden markov models : Estimating mixture models of images and inferring spatial transformations in video sequences. In *IEEE Conference on Computer Vision and Pattern Recognition*, pages 26–33, 2000. 57

[170] Tongxin Bai Joseph Modayil and Henry Kautz. Improving the recognition of interleaved activities. In *Tenth International Conference on Ubiquitous Computing (Ubicomp 2008)*, pages 40–43, 2008. 28

[171] I.N. Junejo, E. Dexter, I. Laptev, and P. Pérez. Cross-view action recognition from temporal self-similarities. In *European Conference on Computer Vision*, Marseille, France, October 2008. 47

[172] Jugal K. Kalita and Joel C. Lee. An informal semantic analysis of motion verbs based on physical primitives. *Computational Intelligence*, 13(1) :87, February 1997. 12

[173] M. Kass, A. Witkin, and D. Terzopoulos. Snakes : Active contour models. *International Journal of Computer Vision*, 1(4) :321–331, 1988. 5

[174] Henry A. Kautz. A formal theory of plan recognition and its implementation. In *Reasoning about plans*, pages 69–124. Morgan Kaufmann Publishers Inc., San Francisco, CA, USA, 1991. 20, 29

[175] Yan Ke, Rahul Sukthankar, and Martial Hebert. Event detection in crowded videos. In *IEEE International Conference on Computer Vision*, 2007. 48

[176] Matt Kelland and Lloyd Morris. *Machinima : Making Movies in 3D Virtual Environments*. Cambridge : The Ilex Press, 2005. 66

[177] Kevin Kennedy and Robert E. Mercer. Planning animations using cinematography knowledge. In *AI '01 : Proceedings of the 14th Biennial Conference of the Canadian Society on Computational Studies of Intelligence*, pages 357–360, London, UK, 2001. Springer-Verlag. 19

[178] T.K. Kim, S.F. Wong, and R. Cipolla. Tensor canonical correlation analysis for action classification. In *IEEE Conference on Computer Vision and Pattern Recognition*, pages 1–8, 2007. 47

[179] Michael Kipp. *Gesture Generation by Imitation. From Human Behavior to Computer Character Animation*. Boca Raton, Florida, 2003. 41

[180] Karin Kipper and Martha Palmer. Representation of actions as an interlingua. In *Workshop on Applied Interlinguas : Practical Applications of Interlingual Approaches to NLP*, April 2000. 12, 13

[181] Kris M. Kitani, Yoichi Sato, and Akihiro Sugimoto. An mdl approach to learning activity grammars. In *Proc. of the Korea-Japan Joint Workshop on Pattern Recognition (KJPR 2006)*, 2006. 48

[182] Alexander Kläser, Marcin Marszałek, and Cordelia Schmid. A spatio-temporal descriptor based on 3d-gradients. In *British Machine Vision Conference*, 2008. 50

[183] Atsuhiro Kojima, Takeshi Tamura, and Kunio Fukunaga. Natural language description of human activities from video images based on concept hierarchy of actions. *International Journal of Computer Vision*, 50(2) :171–184, 2002. 26

[184] Richard Kulpa and Franck Multon. Fast inverse kinematics and kinetics solver for human-like figures. In *International Conference on Humanoid Robots*, 2005. 38

[185] I. Laptev and T. Lindeberg. Space-time interest points. In T. Lindeberg, editor, *IEEE International Conference on Computer Vision*, pages 432–439 vol.1, 2003. 47, 48

[186] Ivan Laptev, Marcin Marszalek, Cordelia Schmid, and Benjamin Rozenfeld. Learning realistic human actions from movies. In *IEEE Conference on Computer Vision and Pattern Recognition*, pages 1–8, 2008. 18, 50, 63

[187] Ivan Laptev and Patrick Pérez. Retrieving actions in movies. In *IEEE International Conference on Computer Vision*, 2007. 18, 47

[188] Chitra L.Madhwacharyula, Marc Davis, Philippe Mulhem, and Mohan S. Kankanhalli. Metadata handling : A video perspective. *ACM Trans. Multimedia Comput. Commun. Appl.*, 2(4) :358–388, 2006. 16

[189] Henry Lowood. High-performance play : The making of machinima. In Andy Clarke and Grethe Mitchell (eds.), editors, *Videogames and Art : Intersections and Interactions*. Intellect Books (UK), 2005. 66

[190] A. Loyall and Joseph Bates. Real-time control of animated broad agents. In *In Proceedings of the Fifteenth Annual Conference of the Cognitive Science Society*, 1993. 68

[191] D. Luebke, M. Reddy, J. Cohen, A. Varshney, B. Watson, and R. Huebner. *Level of Detail for 3D Graphics*, volume 385 of *Computer Graphics and Geometric Modeling*. Morgan Kaufmann, 2003. 7

[192] F. Lv and R. Nevatia. Single view human action recognition using key pose matching and viterbi path searching. In *IEEE Conference on Computer Vision and Pattern Recognition*, pages 1–8, 2007. 49

[193] Fengjun Lv and Ramakant Nevatia. Recognition and segmentation of 3-d human action using hmm and multi-class adaboost. In *European Conference on Computer Vision*, pages 359–372, 2006. 48

[194] B.S. Manjunath, Phillipe Salembier, and Thomas Sikora. *Introduction to MPEG-7 : Multimedia Content Description Interface*. John Wiley & Sons, Inc., New York, NY, USA, 2002. 16

[195] W. C. Mann and S. A. Thompson. Rhetorical structure theory : Toward a functional theory of text organization. *Text*, 8(13) :243–281, 1988. 19

[196] Lev Manovich and Andreas Kratky. *SOFT CINEMA : Navigating the Database*. The MIT Press, 2005. (DVD-video with 40 page color booklet). 25

[197] David Marr and Lucia Vaina. Representation and recognition of the movements of shapes. *Philosophical Transactions of the Royal Society of London B*, 214 :501–524, 1982. 46, 55

[198] Marcin Marszaek, Ivan Laptev, and Cordelia Schmid. Actions in context. In *IEEE Conference on Computer Vision & Pattern Recognition*, 2009. 18

[199] José M. Martínez. Mpeg-7 : Overview of mpeg-7 description tools, part 2. *IEEE Multi-Media*, 9(3) :83–93, 2002. 16

[200] K. Mikolajczyk, C. Schmid, and A. Zisserman. Human detection based on a probabilistic assembly of robust part detectors. In *ECCV*, page 6981, 2004. 34

[201] George A. Miller and Philip N. Johnson-Laird. *Language and perception*. Harvard, 1976. 45

[202] Thomas B. Moeslund, Adrian Hilton, and Volker Krüger. A survey of advances in vision-based human motion capture and analysis. *Comput. Vis. Image Underst.*, 104(2) :90–126, 2006. 34

[203] Anuj Mohan, Constantine Papageorgiou, and Tomaso Poggio. Example-based object detection in images by components. *IEEE trans. PAMI*, 23(4), 2001. 34

[204] Pierre Morizet-Mahoudeaux and Bruno Bachimont. Indexing and mining audiovisual data. In *Active Mining*, pages 34–58, 2003. 20

[205] Erik Mueller. Automating commonsense reasoning using the event calculus. *Communications of the ACM*, 52(1) :113–117, 2009. 14

[206] Erik T. Mueller. *Commonsense Reasoning*. Morgan Kaufmann, 2006. 14

[207] Franck Multon, Richard Kulpa, Ludovic Hoyet, and Taku Komura. From motion capture to real-time character animation. In *Motion In Games*, pages 72–81. Springer Verlag, Lecture Notes in Computer Science, 2008. 38

[208] F. Nack and W. Putz. Designing annotation before it's needed. In *ACM International Conference on Multimedia*, pages 251–260, 2001. 16

[209] P. Natarajan and R. Nevatia. View and scale invariant action recognition using multiview shape-flow models. In *IEEE Conference on Computer Vision and Pattern Recognition*, pages 1–8, 2008. 49

[210] Michael Neff, Michael Kipp, Irene Albrecht, and Hans-PeterSeidel. Gesture modeling and animation based on a probabilistic re-creation of speaker style. *ACM Trans. Graph.*, 27(1) :1–24, 2008. 41

[211] B. Neumann and R. Moller. On scene interpretation with description logics. In H.-H. Nagel and H. Christensen, editors, *Cognitive Vision Systems*, number LNCS 3948, pages 247–275. Springer, 2006. 19

[212] Jan Neumann, Cornelia Fermuller, and Yiannis Aloimonos. Animated heads : From 3d motion fields to action descriptions. In *Proceedings of the IFIP TC5/WG5.10 DE-FORM'2000 Workshop and AVATARS'2000 Workshop on Deformable Avatars*, pages 1–11, Deventer, The Netherlands, The Netherlands, 2000. Kluwer, B.V. 45

[213] D. Newtson, G. Engquist, and J. Bois. The objective basis of behavior units. *Journal of Personality and Social Psychology*, 35(12) :847–862, 1977. 45

[214] N.T. Nguyen, D.Q. Phung, S. Venkatesh, and H. Bui. Learning and detecting activities from movement trajectories using the hierarchical hidden markov model. In D.Q. Phung, editor, *IEEE Conference on Computer Vision and Pattern Recognition*, volume 2, pages 955–960 vol. 2, 2005. 48

[215] J.C. Niebles, H. Wang, H. Wang, and L. Fei Fei. Unsupervised learning of human action categories using spatial-temporal words. In *British Machine Vision Conference*, page III :1249, 2006. 50

[216] Juan Carlos Niebles and Li Fei-Fei. A hierarchical model of shape and appearance for human action classification. In *IEEE Conference on Computer Vision and Pattern Recognition*, pages 1–8, 17–22 June 2007. 50

[217] Michael Nitsche. *Video Game Spaces : Image, Play, and Structure in 3D Worlds*. MIT Press, 2009. 66, 67

[218] Michael Nitsche and Maureen Maureen. Play it again sam : Film performance, virtual environments and game engines. In Gavin Carver and Colin Beardon, editors, *Visions in Performance : The Impact of Digital Technologies*. Swets & Zeitlinger, 2004. 67

[219] Abhijit Ogale, Alap Karapurkar, Gutemberg Guerra-Filho, and Yiannis Aloimonos. View-invariant identification of pose sequences for action recognition. In *VACE*, 2004. 49

[220] Ken Perlin and Athomas Goldberg. Improv : a system for scripting interactive actors in virtual worlds. In *SIGGRAPH '96 : Proceedings of the 23rd annual conference on Computer graphics and interactive techniques*, pages 205–216, New York, NY, USA, 1996. ACM. 12, 13

[221] Claudio Pinhanez. *Representation and Recognition of Action in Interactive Spaces*. PhD thesis, MIT Media Lab, 1999. 43

[222] Keith Price, Thomas Russ, and Robert MacGregor. Knowledge representation for computer vision : The veil project. In *ARPA Image Understanding Workshop*, 1994. 19

[223] Deva Ramanan and D. A. Forsyth. Automatic annotation of everyday movements. Technical Report UCB/CSD-03-1262, EECS Department, University of California, Berkeley, Jul 2003. 48

[224] Cen Rao, Alper Yilmaz, and Mubarak Shah. View-invariant representation and recognition of actions. *International Journal of Computer Vision*, 50(2) :203–226, 2002. 47

[225] John W. Ratcliff and David Metzener. Pattern matching : The gestalt approach. *Dr. Dobb's Journal*, page 46, July 1988. 24

[226] J. Rehg. Motion capture from movies. In *Proceedings of Asian Conference in Computer Vision*, pages 1125–1131, 2000. 40

[227] R. Reiter. *Knowledge in Action : Logical Foundations for Specifying and Implementing Dynamical Systems*. The MIT Press, 2001. 12

[228] J. Rossignac and M. O'Connor. Sgc : A dimension-independent model for pointsets with internal structures and incomplete boundaries. In M. Wosny, editor, *Geometric Modeling for Product Engineering*, pages 145–180. North-Holland, 1989. 6

[229] Edward Rosten and Tom Drummond. Rapid rendering of apparent contours of implicit surfaces for realtime tracking. In *British Machine Vision Conference*, pages 719–728, June 2003. 38

[230] Andrew Salway, Bart Lehane, and Noel E. O'Connor. Associating characters with events in films. In *CIVR '07 : Proceedings of the 6th ACM international conference on Image and video retrieval*, pages 510–517, New York, NY, USA, 2007. ACM. 64

[231] P. Sankar, C. V. Jawahar, and A. Zisserman. Subtitle-free movie to script alignment. In *Proceedings of the British Machine Vision Conference*, 2009. 26

[232] F. Schaffalitzky and A. Zisserman. Automated scene matching in movies. In *In Proceedings of the Challenge of Image and Video Retrieval, London, LNCS 2383*, pages 186–197. Springer-Verlag, 2002. 17

[233] K. Schindler and L. van Gool. Action snippets : How many frames does human action recognition require ? In *IEEE Conference on Computer Vision and Pattern Recognition*, pages 1–8, 23–28 June 2008. 50

[234] Christian Schuldt, Ivan Laptev, and Barbara Caputo. Recognizing human actions : A local svm approach. In *ICPR*, pages 32–36, 2004. 50

[235] Yuping Shen and H. Foroosh. View-invariant action recognition using fundamental ratios. In *IEEE Conference on Computer Vision and Pattern Recognition*, pages 1–6, June 2008. 47

[236] Qinfeng Shi, Li Wang, Li Cheng, and A. Smola. Discriminative human action segmentation and recognition using semi-markov model. In *IEEE Conference on Computer Vision and Pattern Recognition*, pages 1–8, June 2008. 49, 66

[237] J. Sivic, M. Everingham, and A. Zisserman. Person spotting : video shot retrieval for face sets. In *International Conference on Image and Video Retrieval*, 2005. 17

[238] J. Sivic, F. Schaffalitzky, and A. Zisserman. Object level grouping for video shots. *International Journal of Computer Vision*, 67(2) :189–210, 2006. 18

[239] Alan F. Smeaton, Paul Over, and Wessel Kraaij. Evaluation campaigns and trecvid. In *MIR '06 : Proceedings of the 8th ACM International Workshop on Multimedia Information Retrieval*, pages 321–330, New York, NY, USA, 2006. ACM Press. 17

[240] Alan F. Smeaton, Paul Over, and Wessel Kraaij. High-Level Feature Detection from Video in TRECVid : a 5-Year Retrospective of Achievements. In Ajay Divakaran, editor, *Multimedia Content Analysis, Theory and Applications*, pages 151–174. Springer Verlag, Berlin, 2009. 17

[241] Smeulders, Worring, Santini, Gupta, and Jain. Content-based image retrieval at the end of the early years. *IEEE Trans Pattern Anal Mach Intell*, 22(12) :1349–80, 2000. 16

[242] R. Souvenir and J. Babbs. Learning the viewpoint manifold for action recognition. In *IEEE Conference on Computer Vision and Pattern Recognition*, pages 1–7, 2008. 47

[243] Andreas Tirakis, Panagiotis Katalagarianos, Michael Papathomas, and Christodoulos Hamilakis. Distributed audio-visual archives network (divan). *Multimedia Computing and Systems, International Conference on*, 2 :1086, 1999. 10

[244] Kentaro Toyama and Andrew Blake. Probabilistic tracking in a metric space. In *IEEE International Conference on Computer Vision*, pages 50–59, 2001. 57

[245] Pavan K. Turaga, Ashok Veeraraghavan, and Rama Chellappa. From videos to verbs : Mining videos for activities using a cascade of dynamical systems. In *IEEE Conference on Computer Vision and Pattern Recognition*, pages 1–8, 17-22 June 2007. 49

[246] Robert Turetsky and Nevenka Dimitrova. Screenplay alignment for closed-system speaker identification and analysis of feature films. In *ICME*, pages 1659–1662, 2004. 26

[247] S. Vitaladevuni, V. Kellokumpu, and LS. Davis. Action recognition using ballistic dynamics. In *IEEE Conference on Computer Vision and Pattern Recognition*, page 8 p, 2008. 49

[248] Yang Wang, Hao Jiang, M.S. Drew, Ze-Nian Li, and G. Mori. Unsupervised discovery of action classes. In Hao Jiang, editor, *IEEE Conference on Computer Vision and Pattern Recognition*, volume 2, pages 1654–1661, 2006. 48

[249] Li wei He, Michael F. Cohen, and David H. Salesin. The virtual cinematographer : a paradigm for automatic real-time camera control and directing. In *SIGGRAPH '96 : Proceedings of the 23rd annual conference on Computer graphics and interactive techniques*, pages 217–224, 1996. 12, 69

[250] Robert A. Weida and Diane J. Litman. Terminological reasoning with constraint networks and an application to plan recognition. In *Knowledge Representation*, pages 282–293, 1992. 20

[251] Daniel Weinland and Edmond Boyer. Action recognition using exemplar-based embedding. In *IEEE Conference on Computer Vision and Pattern Recognition*, 2008. 49

[252] W. Welch and A.P. Witkin. Variational surface modeling. In *Siggraph*, 1992. 7

[253] Y. Yacoob and M.J. Black. Parameterized modeling and recognition of activities. In *IEEE International Conference on Computer Vision*, pages 120–127, 4–7 Jan. 1998. 47

[254] Patrick Ye and Timothy Baldwin. Towards automatic animated storyboarding. In *AAAI*, pages 578–583, 2008. 12, 13, 68

[255] A.J. Yezzi and S. Soatto. Structure from motion for scenes without features. In *Computer Vision and Pattern Recognition*, pages 525–532, 2003. 32

[256] Alper Yilmaz and Mubarak Shah. Recognizing human actions in videos acquired by uncalibrated moving cameras. In *IEEE International Conference on Computer Vision*, pages 150–157, 2005. 47

[257] J. Yuen, B. C. Russell, C. Liu, and A. Torralba. Labelme video : Building a video database with human annotations. In *International Conference on Computer Vision (ICCV)*, 2009. 26

[258] J. Zacks and B. Tversky. Event structure in perception and conception. *Psychological Bulletin*, 127(1) :3–21, 2001. 20

[259] Song C. Zhu and David Mumford. *A stochastic grammar of images*, volume 2. Now Publishers Inc., 2006. 28

[260] Song Chun Zhu and Alan Yuille. Region competition : Unifying snakes, region growing, and bayes/mdl for multiband image segmentation. *IEEE Transactions on Pattern Analysis and Machine Intelligence*, 18(9) :884–900, 1996. 6

[261] Denis Zorin. Modeling with multiresolution subdivision surfaces. In *SIGGRAPH '06 : ACM SIGGRAPH 2006 Courses*, pages 30–50, New York, NY, USA, 2006. ACM. 8

Une maison d'édition scientifique
vous propose

la publication gratuite

de vos articles, de vos travaux de fin d'études, de vos mémoires de master, de vos thèses ainsi que de vos monographies scientifiques.

Vous êtes l'auteur d'une thèse exigeante sur le plan du contenu comme de la forme et vous êtes intéressé par l'édition rémunérée de vos travaux? Alors envoyez-nous un email avec quelques informations sur vous et vos recherches à: info@editions-ue.com.

Notre service d'édition vous contactera dans les plus brefs délais.

Éditions universitaires européennes
Dudweiler Landstraße 99
66123 Sarrebruck
Allemagne
www.editions-ue.com

www.ingramcontent.com/pod-product-compliance
Lightning Source LLC
La Vergne TN
LVHW042340060326
832902LV00006B/284